1

1988年開放兩岸往來之後，1992.9.18首度召集政府各部會主管官員，舉行大陸工作會議，凝聚共識，會議分為文教、經濟、法政三組。圖為工作會議記者會，左二為作者，右二為江丙坤先生，時任經濟部政務次長。

2

2006.9.18國家政策研究基金會與中共中央台辦於北京釣魚台賓館舉行台商權益保障座談會，左二為台辦副主任鄭立中，右二為作者。

3

2007.4.29在北京飯店參加第三屆兩岸經貿文化論壇，左二為作者，右二為蔡勳雄，時任國家政策研究基金會執行長。

4

2008.6.11第一次江陳會談時，海協會於北京釣魚台賓館舉行歡迎晚宴，作者代表海基會致詞。

5

2008.6.13北京第一次江陳會談後，與海協會陳雲林會長交談。

6

第二次江陳會談後，比照第一次會談胡錦濤於釣魚台賓館會見海基會代表團，當時馬英九總統於2008.11.6在台北賓館接見海協會代表團，圖中前排兩位女性分別為江丙坤董事長夫人及陳雲林會長夫人。馬總統特別強調兩岸應「正視現實、互不否認，為民興利、兩岸和平」。

7

2009.4.26南京第三次江陳會談後，會見國台辦主任王毅。

8

2009.6.27微笑彩俑在國立歷史博物館展出，由該館及聯合報系等單位主辦，這是兩岸文化交流重要的一頁，作者出席開幕式致詞。

9

2009.12.21第四次江陳會談於台中裕元酒店舉行，因為維安及行政作業困難，這是迄今為止，我方唯一在台北以外地點舉辦的協商。作者與海協會常務副會長鄭立中會前握手。

10

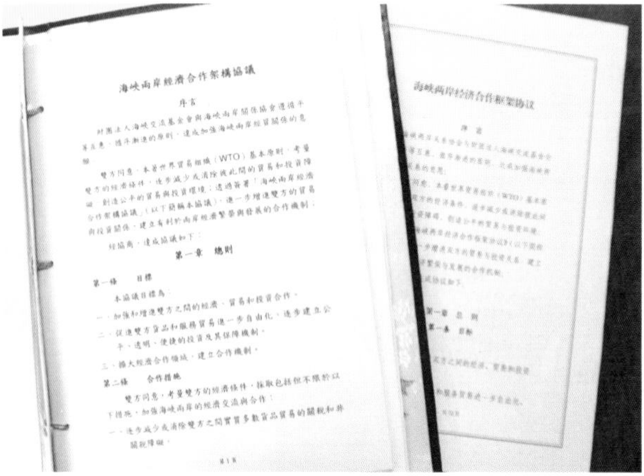

圖為2010年兩岸經濟合作架構協議（ECFA）文本，右方為簡體字本。文本序言第二段第三句提及「考量雙方的經濟條件」，我方原先要求的文句為「考量雙方經濟規模差距」，經雙方拉鋸、妥協修正的結果；第二條也再提及此句。這樣字眼的用意請見第八章，協商人員應善用此條款。在與其他國家協商中不可能出現類似說法。

11

2012.4江丙坤董事長向民間募款，在台北市大直興建落成啟用的海基會大樓。其文創設計包括天燈祈福造型，大廳內的台灣意象壁飾，已成為大直的地標，並做為接待大陸、海內外訪客的體面場所。

12

2012.9.27江丙坤董事長辭退海基會，作者代表海基會同仁於惜別茶會致贈紀念品。

13

2013年海協會鄭立中副會長來訪，攝於海基會祕書長辦公室。

14

2013.2.26於台北海基會會見美國前副國務卿阿米塔吉（Richard Armitage）。背景為海基會全名橫幅，是1991年海基會成立，時任文建會主任委員陳奇祿之墨寶，當時中文的寫法還是由右向左。

15

2013.3.7於海基會會見美國在台協會（AIT）理事卜道維（David G. Brown）。

16

2013.4.29辜汪會談20週年「緬懷先哲，再創新局」座談會，左為前國安會祕書長及陸委會主委蘇起，中為作者，右為前海基會副董事長兼祕書長邱進益。

17

2013.6.21上海第九次會談後，會見陸方高層人員，左起作者、國台辦張志軍主任、海協會陳德銘會長、海協會鄭立中常務副會長。

18

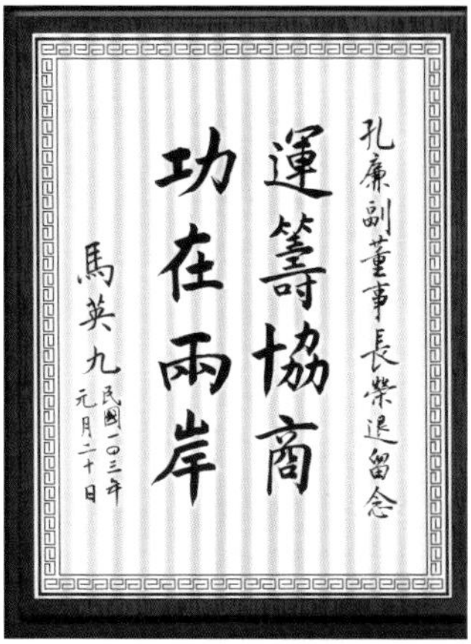

2014.1.20辭任海基會職務獲准，
當時馬英九總統頒贈親筆紀念獎牌。

19

作者於2014.2.6離開海基會。2014.2.25海協會常務副會長鄭立中(左二)、副會長李亞飛(左一)來寒舍致意。右一為內人。

20

2014.2.7作者於卸任海基會職務後，馬總統頒授景星二等勳章。

21

2015.5.4北京朱習會，左為作者，中為朱立倫主席，右為習近平總書記。

22

每次會談後，雙方都會編印紀念郵冊，會談是雙方輪流主辦，單數次為陸方主辦，偶數次為我方所主辦。左圖是陸方編印的紀念郵冊，左下為第一次，因為距離1998年辜汪會晤已有十年，故稱「十年再聚首」。順時針方向為第三次、第九次、第七次及第五次，這些郵冊既是兩岸關係的里程碑，也是集郵愛好者的收藏佳品。

23

右圖為我方編印的紀念郵冊，比對方多一件，因首次會談，我方代號為互信協商之旅，故印了單頁的紀念郵摺，後來雙方同意由主辦方編印紀念郵冊，順時針方向為第二次、第四次、第六次（適逢海基會成立二十週年）、第十次、第八次。

高孔廉

兩岸第一步

我的協商談判經驗

推薦序

以互信為基礎，「談」出兩岸新局

前海基會董事長　江丙坤

「我們不畏懼談判，但絕不在畏懼中談判。」

——美國前總統約翰．甘迺迪

歷史總是弔詭的。一九四五年，國共重慶會談上，當時執政之國民黨政府認為，「當前的『事實』是和平統一，不允許分裂，以建設現代化國家」，中共則堅持中共本身的存在與壯大是一「事實」。中共談判代表一再指出：「我黨客觀之事實為何，即擁有一百二十萬軍隊，十九個解放區，和百餘萬黨員」，並強調：即使國民黨不予承認，這些「事實」也依然存在並繼續發展（見關中著，《中國命運．關鍵十年：美國與國共談判真相（一九三七－一九四七）》）。一九四九年，國民政府播遷台灣，兩黨角色互異，立場互換，中共從原本主張「分治」，轉換為口口聲聲強調和平統一；

在台灣的國民黨政府，隨著兩岸實力消長，漸漸偏安，主張「分治」的事實，是所謂「此一時，彼一時」也。

《孫子兵法．虛實篇》說：「兵無常勢，水無常形。」。如前所述，談判亦復如此，不是一成不變的，也沒有固定原則、章法或立場可言，必須審時度勢，依照當時的時空環境、場景對象及實力籌碼，靈活權變擬定策略目標與戰術方法。即便以同樣是兩岸兩會會談（即海基會和海協會）來講，從一九九三年「辜汪會談」，到二〇〇八年兩岸兩會恢復制度性協商舉行的「江陳會談」，前後兩次會談的模式本質上已迴然有別。當年，談判人員概以海基會人員為主。反觀二〇〇八年以後，儘管大小商談均仍由海基會、海協會聯繫安排，但實際上場參與談判人員，均務實地改由雙方主管部門司局級官員直接面對面，進行所謂的「業務溝通」。兩岸關係發展至此，已然進入「不否認治權」的對話階段，這就兩岸關係發展進程上來講，不啻為一個新的里程。

孔廉兄係實際參與我方大陸政策決策和執行的先驅型人物。早在一九八八年行政院研考會任務編組成立大陸工作會報，孔廉兄便擔任馬英九主委副手，出任副執行祕書一職，正式踏上兩岸不歸路。這個單位，可以說是我政府大陸政策或兩岸事務體制化的第一步，意味著兩岸關係從「軍事抗衡」質變為「協商對話」新時代。之後，不論是兩岸關係條例的起草制訂，以及規範兩岸交流秩序之各項行政命令的訂定；乃至於成立專責機關——陸委會，設置白手套民間機構——海基會，均可見孔廉兄投身參與謀畫的身影和心血。

二〇〇〇年總統大選，國民黨敗選，台灣政壇破天荒地寫下第一次政黨輪替歷史。為生聚教訓，汲取凝聚政務官的經驗和智慧，有效監督民進黨政府，為國民黨重返執政做準備，主席連戰囑託我成立國民黨智庫，集結這群退職政務官，針對政府施政提出具體建言。當時，孔廉兄即在國安組負責兩岸事務。二〇〇五年四月，國共打破歷史僵局，破冰融冰，舉行第一次「連胡會」。隨後，為爭取廣大台商支持，我以國民黨副主席身分，在國民黨內成立台商聯繫服務中心，正式展開對大陸台商的服務工作，先後和中台辦舉行三次台商權益保障工作會談，針對台商在大陸經營投資所遭遇的問題，進行通案性的政策討論。這項工作會談，國民黨方面的幕僚工作就是由孔廉兄負責，孔廉兄不僅要紙上作業，更得實地走訪大陸聽取台商心聲。也正是因為和中台辦這些工作會談經驗的積累，讓國共間參與謀畫兩岸事務的人員，通過不斷地交流接觸，慢慢地建立信賴關係，彼此間對兩岸亟待解決的課題，也慢慢地建立共識。

從而二〇〇八年五月國民黨重返執政，兩岸兩會才能在最短時間恢復制度性協商，先經後政、先易後難地完成各項攸關民生議題協議的簽署。因此，不論在民進黨執政時期，國共間所建立之台商權益保障工作會談機制，及二〇〇八年國民黨重返執政，兩岸兩會能在短短七年間完成二十三項協議的成果來看，孔廉兄無役不與地投入規畫、參與決策，並肩負執行之任務，誠可謂「功在兩岸」的第一人。

二〇〇八年五月二十六日，我和孔廉兄奉命分別接掌海基會董事長和副董事長，孔廉兄並兼任祕書長，負責海基會日常會務工作，包括協商、交流、服務等三大領域業務，其中尤以兩岸協商事務最為繁重。蓋以每次兩岸高層會談之前，雙方均得就所商定談判之議題，先分別對等地在兩岸進行無數次的主管部門業務溝通，達成初步共識，完成協議文本初稿後，再由孔廉兄和鄭立中副會長以兩會名義進行政策性協調，進一步確認協議文本，並準備正式會談之安排。因此，孔廉兄不僅得根據政府授權方案和海協會代表反覆進行磋商，帶領同仁奔波於兩岸間；在國內，還得面對國安高層、行政部門、民意代表、媒體輿論及相關產業公協會，其工作壓力之大可想而知。尤其是在台灣舉行兩會會談時，反對黨帶領群眾抗爭的維安壓力，更是兩岸高層會談成敗的重要變數，處理稍有失當，即亂大謀。所幸，孔廉兄率領海基會團隊不眠不休細心研擬「劇本」，精準規畫陳雲林會長在台期間每個活動的環節，除偶發少數脫序紛亂外，大抵皆能照表操課，依照「編劇」幕僚所擬「劇本」之劇目和節奏演出，大幅降低兩會會談期間可能引發之政治性衝突，其中甘苦，我想他應該體悟最為深刻。

撫今追昔，我必須由衷地感謝孔廉兄，在我過去服務海基會四年四個月期間，對我工作的協助及以祕書長身分綜理海基會日常業務的辛勞，帶領同仁圓滿完成八次高層會談和十八項協議，及無數次的交流與突發事件的協處。特別值得一提的是，我們共同完成的兩岸經貿關係里程碑性的協議——《海峽兩岸經濟合作架構協議》（ＥＣＦＡ）。這個協議最為重要的部分是，將兩岸經濟規模的差異，即兩岸經貿不對稱關係，正式寫入協議文本，該協議前言中這麼寫著：「雙方同意，本著世界貿易組織（ＷＴＯ）基本原則，考量雙方的經濟條件，逐步減少或消除彼此間的貿易和投資障礙，創造公平的貿易與投資環境；透過簽署《海峽兩岸經濟合作架構協議》（以下簡稱本協議），進一步增進雙方的貿易與投資關係，建立有利於兩岸經濟繁榮與發展的合作機制」，為台灣廠商爭取更有利的競爭條件。易言之，兩岸經貿關係往來，我方得斟酌經濟規模大小，作為兩岸貿易與投資往來之限制因素。其次，值得一談的是，《海峽兩岸共同打擊犯罪及司法互助協議》，這個協議是具備高度公權力色彩的協議，涉及具有主權意涵之刑事司法權行使，依照兩岸協商先經後政的共識，不在優先磋商清單中，沒想到雙方竟然恢復制度性協商不到一年，即積極展開業務溝通，並於二〇〇九年四月在南京完成簽署。我個人認為這個協議係保障海峽兩岸人民權益，維護兩岸交流秩序最好的典範。事實也證明，這個協議也是台灣地區人民民意調查滿意度最高、兩岸協議執行成效最好的兩岸協議，我想這應可歸功於兩岸當局著眼於大歷史，以兩岸民眾福祉為依歸，跳脫意識型態和政治歧見，擱置爭議才得以致之。最後，要感謝孔廉兄協助我完成海基會新辦公大樓的興建，讓我這個八秩耄齡之老朽仍有築夢並圓夢的機會，為近六十年公務生涯畫上完滿句點。海基會新大樓的興建，一方面希望讓海基會同仁有一個較佳的辦公環境，一方面也綢繆於兩岸協商交流之適當場所，更為重要的是，要為後世子孫留下一個兩岸標誌性紀念建築，屹立不搖地見證記載著兩岸關係的演進。

孔廉兄這本《兩岸第一步：我的協商談判經驗》大著，全書共十四章，翔實記錄了孔廉兄參與兩岸事務的始末，毫無保留地寫出其親身參與兩岸談判經驗與心得，並引證學理為讀者點出國際談判和兩岸談判之門道，希望讀者能理性看待兩岸協商，不要用「黑箱」或「讓利」片面之詞，汙名化我方談判團隊為台灣爭取有利條款之努力和貢獻。在書中，我們也看到孔廉兄對兩岸實力消長，台灣談判籌碼愈來愈少、時不我予的憂慮，尤其是因應紅色供應鏈的快速崛起，他對兩岸產業合作與分工之必要性和迫切性之諄諄呼籲，憂國憂民之心情，溢於言表。展望兩岸關係，我十分認同孔廉兄引述《孟子・梁惠王篇》所說：「惟仁者能以大事小，惟智者能以小事大」這句話，我們期待兩岸關係能在雙方執政當局善用仁心智慧化解政治歧見，早日為兩岸人民建立安居樂業的和諧家園。最後，我要說的是，感謝孔廉兄的第一步，因為您的這一小步，帶給兩岸關係和平發展難以逆轉的一大步。

語云：「內治不修，則外交實無可辦之理。」同理，台灣朝野倘若再不團結，則兩岸談判也無可辦之理。中國大陸改革開放三十餘年來，勵精圖治，國際政經地位和影響力均非當年阿蒙。反觀台灣，在民主假象和轉型正義假議題之操弄下，長期陷入朝野對立、政黨惡鬥、族群內耗之輪迴而無法自拔，以致內治不修，民生凋蔽，病入膏肓，積重難返。晚清名士梁啟超評價李鴻章曰：「吾敬李鴻章之才，惜李鴻章之識，悲李鴻章之遇。」惺惺相惜之情，由是可見。面對兩岸競爭力曲線消長和轉折，我從海基會董事長退休當時，原本曾期待高層能借重孔廉兄才識和對兩岸事務與人事的嫻熟度接任董事長一職，讓他以青壯之年繼續為兩岸鞠躬盡瘁，用談判為台灣爭取更多扭轉乾坤的時間和空間。可惜，高層另有規畫，錯下一步棋，造成日後兩岸政策全盤皆墨、豬羊變色之殘局，確實非始料所及。

有幸在本書發行前先睹精彩篇章，或許是因為受限於法令，部分兩岸協商經過和針鋒相對之情節，尚未解密，內容上仍有不少欲語還休點到為止之處，期待孔廉兄日後能有更多的「爆料」，為兩岸歷史留下第一人稱的史料，爰略綴數語代以為序。

目次

附錄

圖表目次

表目次

圖目次

序言

跨足兩岸三十年

這不是一本嚴肅探討兩岸關係的書。一九八七年底政府開放探親，一九八八年為處理兩岸行政事務成立任務編組的大陸工作會報，邁出了歷史的「第一步」，而個人則因緣際會，有幸參與並見證當時的處理過程，也是個人處理兩岸事務的第一步，為免這些史實因事過境遷，而為世人逐漸淡忘或誤傳，特將這三十年來的點點滴滴，留下紀錄。本書內容有些是經手交涉協商的過程，有些則屬花絮，可能勾起當事人的回憶，或可引起讀者會心一笑，了解事情的來龍去脈。

天下每件事都有其緣起，如果沒有留下因果資料，對於將來的研究，總是一個缺憾。當初的時代背景，採取的處理方式，有的如今看來，仍係正確的，例如我們不同意中共（中國共產黨）所謂的「一個中國」原則，經過推敲拉鋸，得到一中各表的結論。我們表述的原文絕對有此意義與精神，胡錦濤與布希熱線也曾有英文表述這個意思，國民黨始終忠於原味，陸方則態度反覆，對內對外、中文英文表述不一，民進黨則只要各表，將來仍待各方再發揮智慧。東方人好面子，西方人較務實，東西德的融合應該是我們學習的典範。

另一方面，有些決策則可能會有事後諸葛之議，而現在看來是否對錯也難判斷，例如兩岸設立授權民間團體出面協商談判，當時如果官方出面，可能遭遇藍綠兩極端的抨擊，可是如今為了協商溝通的效率，官方直接接觸才是正道。

再舉一例，民進黨說直航與陸客是他們「澳門模式」打下的基礎，這也無可厚非，但如追溯，早在二〇〇五年江丙坤的破冰之旅及連胡會，均早已奠立共識基礎，而二〇〇八年之前，民進黨執政時的澳門模式，以民間團體——台北航空業運輸同業公會及台灣觀光協會代表出面談，是有些成果。可是後來變成一直由這兩個民間團體「中轉」官方，極為不便且無效。

二〇〇八年以後新簽署的協議，則多指定官方機構直接聯繫，例如銀行、證券、保險等金融三個備忘錄，均屬如此。二〇〇八年，個人奉命隨同江丙坤董事長到海基會服務，海基會的主要任務有三：即交流、協商與服務。其中，最需要高層出面處理的當然是兩岸的協商談判。兩岸在九二共識的基礎上恢復中斷了十三年的協商談判。

一九九三年兩岸第一次協商就是辜汪會談，當時協商的議題相當單純，只有海基會人員參與，但二〇〇八年以後的協商，議題廣泛，專業性高，因而事前內部必須與主管機關溝通，沙盤推演，臨場也須隨時應變。台灣是個民主多元的社會，往往會有不同的意見，這些人數目不多，但聲音卻很大，所以協商談判不僅要向對方交涉，也須處理內部意見，形成兩面談判。

二〇〇八年五月至二〇一二年九月，追隨江丙坤董事長在海基會服務，是我一生中工作最愉快、也最有成就感的時期。因為躬逢其盛，兩岸恢復中斷多年的協商，江董有豐富的經貿、國際及兩岸經歷，既有高瞻遠矚的視野，也有行政縝密的心思，又能充分信任授權，在他帶領下，海基會團隊也受到使命感的驅使，個個動了起來，經過前面八年的業務停頓，完成大量增加的工作，開啟兩岸交流互惠的契機。

二〇一四年初，我離開海基會，許多人希望我把二十多年的兩岸經驗留下紀錄，我這個人筆鋒遲鈍，剛開始半年，寫了又停，停了又寫，發覺要避開敏感的人事物並不容易，後來又因為重拾教鞭，及追隨江丙坤在海貿會協助兩岸交流接待互訪，因而耽誤下來。直到二〇一六年初一位舊識記者再提此議，並建議用「兩岸第一步」為書名，二月適逢農曆年長假，再三思考，才決定動筆，並盡量避開敏感話題。

一九九二年兩岸取得九二共識及一九九三年辜汪會談時，我在陸委會服務，負責幕後的操盤規畫。當時，我們與海基會密集聯繫，討論談判的策略及方案，但很可惜，一九九五年起就中斷了兩岸協商。直到二〇〇八年，兩岸恢復協商，我到海基會服務，角色由幕後走向台前，對於所有談判細節均須參與，更要與對手面對面溝通，增加了不少談判經驗與心得。後來我在學校任教，談判也是授課主題之一，中英文的相關著作也看了不少，所以這本書，就把談判的相關論述，比對兩岸協商寫成專章，另也把兩岸協商的行政作業及細節安排，單列一章，至於實質協議的內容及談判經過，則散見各章節。

我是學管理的，常對學生提「事業前程規畫」（Career Planning），但我這一路走來，卻完全不是我原先的規畫。大學畢業後，經過考試院特種考試，進入中央銀行，然而為了出國留學，辭去當時金飯碗的工作。後來順利取得企管博士學位，回國在大學任教，這也是我原先的志趣，然而承接政府的一個研究案，卻讓我意外地踏入官場，讓我更意外地身不由己，進而接觸兩岸事務，從一九八八迄今已有二十八年。這雖非我原先的規畫，但也幸運地參與了兩岸的第一步，我珍惜這個機遇，也藉本書留下一個紀錄，也可提供對兩岸關係、協商談判及台商經營有興趣者參考。

我要特別感謝東吳大學潘維大校長及企管系的師生，他們提供我理想的研究教學環境及充分的資源支持，本書才有撰寫的可能。撰寫過程相當匆忙，我的書法又非常潦草，我也非常感謝東吳大學企管系張裕蓮祕書，不僅打字快速，還要整合架構，編纂成書，殊為不易。另外，海貿會專員王姿婷、國民黨大陸部李俊德副主任及林子玄專員也協助處理部分文稿，併此致謝。

本書撰寫最後階段，聯經出版公司羅國俊總經理提供了許多意見，讓我更能充實協商談判的主題，並從讀者角度充實本書的內容，我要在此致上由衷的謝意。

我也要感謝我的父母高子通、高林雁，他們在艱困的年代，仍日夜加班，不辭辛勞，供我完成學業。內人羅惠珠，她公務持家兩頭忙，在我服務公職期間，無暇照顧家庭，一切由她包辦，特別是一九八一至一九九五年間，我的兩個兒子正處於中小學成長叛逆階段，她都能耐心教導，如今均已成家立業。

最後，我要祝福我們的子孫，世世代代都能在兩岸和平的環境下幸福成長。天祐台灣，天祐中華民國。

第一章

兩岸第一步

誤入歧途，踏入官場

一九八一年十月，在一個偶然的機遇下，我脫離了原定學術研究的軌道，接受行政院研究發展考核委員會（簡稱研考會）魏鏞主委的邀請，擔任該會管制考核處處長。

話說一九七五年，我在美國學成歸國，當時是國內的第五個企管博士，我沒有回到我的母校政大企管所，而接受我的老師楊必立邀請，前往東吳大學任教。我的教學研究應該還受到肯定，很快就接企管系主任並升等教授。一九七九年，我接受研考會的委託研究，探討行政計畫的管制考核，由於中央行政機關的計畫常是敘述性的內容，沒有量化，也無法考核，我就依企管的概念，建議了一些量化指標，作為考核的依據。舉例來說，外交部門要改善雙邊關係，就應該從雙邊文化、經貿交流、溝通協商管道及互駐辦事處與派駐人員等來衡量，而這樣的標準，應該也適用於兩岸關係。

行政院研考會的業務包括計畫、管制、考核及國營事業考成（核）等。這些與企管的概念類似，而且與大型企業的企畫部組織相當，魏主委就邀請我到研考會服務。我在東吳教了六年後，因為政大盛情邀請，所以我在一九八一年八月回到政大，沒想到立刻接到研考會的邀請，也感謝政大的體諒，於是一腳踏入「官場」。當時的想法是理論與實務驗證，對我的教學應是有益的，所以用短期借調的方式，接受公務機關的挑戰；但因已開學，原先排定的課程仍要講授，因此教學與公務，形成蠟燭兩頭燒的忙碌。

國營事業要公平考核

前面提到，研考會也負責國營事業的考核，正好我的所學就是企管，於是思考該以何種指標或標準考核，才能公平合理。當時國營企業的範圍不小，包括經濟部、財政部、交通部、衛生署等都有，以經濟部所屬事業為例，我就覺得以利潤數字來考核，而且各事業權數比重均相同，並不合理，因有些是獨占事業如台電（註：當時台電受電業法保障，是賺錢的企業），而另一些則是市場競爭的企業如台糖，後者的利潤權數當然應該較高，以顯示其努力經營的成果。此外，我當時就建議台電公司，應將供電流程分割為利潤中心，才能提高經營績效，可惜未被採納。最近由於發電業務開放民間經營，所以又有分割之議，其實一個大型組織，如不細分單位，就容易形成吃大鍋飯的心態。

兩年期滿，原擬回校任教，但魏主委卻要我留任，並升任副主委，當時我才三十九歲，應該算是最年輕的副首長。魏鏞是一個有才華的人，中英文俱佳，尤其擅長將複雜的事務以圖表方式簡報，清晰表達，在那個時代並沒有如今電腦的 power point，同仁為了準備簡報，略有誤失又須重來，可以說吃盡苦頭。但是在研考會的訓練，對於許多同仁都是成長的磨練。

電腦當打字機？

研考會時期，還有一件事值得一提，就是行政機關的電腦化。當時，我們推動戶政資訊系統，希望能將戶籍資料鍵入電腦檔，戶籍遷徙時，只要在遷出或遷入的一地辦理，而不必兩邊跑。但當時卻有人譏笑，研考會把電腦當打字機（註：當時是用笨重大鍵盤的中文檢字機），但如今已淘汰中文打字機，也完全不必專職的中文打字員，戶政服務的方便性也得到許多民眾肯定。此外，研考會另一項主要業務，就是前瞻性的政策研究，我們當時即提醒主管機關要注意社會福利，果然如今成為政府施政的一項重要業務。

在一九八〇年代中期，國際間美蘇對抗的情勢已有所轉變，而兩岸之間的三不

「不接觸、不談判、不妥協」政策也面臨考驗。當時研考會的研究發展處即曾就此議題進行祕密研究，結論是兩岸終需有所接觸，兩岸事務也將成為主流的事務。這也成為後來由研考會兼辦大陸事務的一個緣起。

當時很早就踏入官場，而且後來是陷入發展領域有限的兩岸事務，應該算是誤入歧途。後來許多企管名教授、系主任，甚至大學校長、副校長都是我早年的學生，如果我留在學界，也許會有更好的發展。

兩岸第一步——大陸工作會報

一九八八年六月底，行政院內閣改組，研考會由馬英九先生接任。我在魏鏞主委離職前就上了辭呈，打算趁此機會回到教書本行，否則將來脫節太久，不易重回研究的道路，更何況我的家人親友，無一有黨、政、軍的經歷，沒有可諮詢對象，更不懂官場的人脈奧妙。但沒想到新任的馬英九主委堅持不讓我辭職，實在拗不過他的誠意，只好留任，但另一方面又不能影響學校新聘教師，所以也毅然辭去政大的教職。

時隔兩週，有一天馬英九找我去商量，他說剛從行政院副院長施啟揚辦公室回來，施副院長說，一九八七年十一月開放兩岸探親，開始有兩岸的行政事務，需要有人辦理（軍事及情報事務已另有專責單位），但探親及交流將會衍生許多行政、法律事務，如婚姻、遺產繼承、文化及經貿交流等，而研考會當時辦公處所就在行政院本部，與副院長辦公室相距不遠，再加上馬英九是蔣經國總統指定研究開放探親的操盤手，因此擬先成立行政院任務編組的大陸工作會報，交由研考會負責。

馬英九因甫到任，對研考會業務尚未全盤了解，認為負擔太重，他問我的意見，我當時回答說，研考會的業務已制度化並上軌道，但兩岸事務是新生事務，由研考會的機密研究來看，兩岸畢竟無法完全切斷，必須往來，再加上美蘇之間民主與共產集團的對立也趨於和緩，我認為兩岸事務必是將來政府施政的「重中之重」，因此我主張應該接辦下來。

於是交由研考會研究發展處的同仁，經過短期的規畫，終於踏出了兩岸第一步。於一九八八年八月成立任務編組的大陸工作會報，施副院長擔任召集人，馬英九擔任執行祕書，我則擔任副執行祕書。

大陸工作會報幾乎是個「小內閣」，委員包括相關部會首長、新聞局長等，至於日常事務，則由研考會指定少數同仁兼辦。另由相關部會各指定一位同仁，每週來辦公半天，基本扮演聯絡人的角色。不僅辦事人員精簡，辦公場所更是侷促，設在行政院靠近北平東路的員工餐廳二樓。

儘管如此，我們的業務卻不少，因為是「無中生有」，包括法規擬定、制度建立、組織設計等。這個兼辦的工作，其負擔早已超過本職，白天常要召開會議研商，公文只好裝箱回家，挑燈夜戰；而馬英九體力過人，經常午夜才睡覺，在家看公文或思考事務時，常會在晚上十一點後打電話來詢問，還好當時我還算年輕，尚能勉力應付。

這不僅是兩岸處理行政事務及擬定大陸政策的第一步，同時也是個人涉入兩岸事務的第一步。因為那個時代，兩岸事務不是顯學，研究的人不多，而我又是財經商科的背景，雖然應付兩岸經貿事務是綽綽有餘，但涉及法律政治層面的事務，則須從頭學起。當時由於政策限制，官員不能前往大陸，因此曾有人質疑：你們從事大陸工作的人都沒去過大陸，如何從事政策法規的擬定？雖然我們有情報單位及往來兩岸人士提供許多二手資料來源，形成資訊基礎，但總有點心虛，只好自我解嘲，「醫生也不是生過所有的病才能看病」。

兩岸人民關係條例

大陸工作會報成立後，第一件重要的事就是擬定相關法規，當時主要是由法務部會同研考會等相關部會草擬，因為它是一個特別法，專門規範兩岸事務，既非國內，也非國際，而且兩岸尚存敵對狀態，所以擬法的兩大原則是採取高度管制限制，以及因應情勢變化授權行政機關許可。該法案的幾項特點如下：

第一，此法案首先定名為《台灣地區與大陸地區人民關係條例》，簡稱「兩岸人民關係條例」，「地區」一詞係依據憲法增修條文「自由地區」之旨意，將海峽兩岸稱之為台灣地區與大陸地區，這就是所謂「一國兩區」的由來。當時陸委會尚未成立，主要草擬法案的主管機關是法務部，可是其規範內容又遠超過法務部主管事項，所以該條例並未明列主管機關，而是後來才增列第三條之一，把陸委會列為主管機關。

第二，由於當時客觀情勢，兩岸官方無法直接接觸往來，於是訂定設立或指定民間團體，由政府授權處理公權力相關事務，這也就是後來成立財團法人海峽交流基金會（簡稱海基會）的依據，其實當時許多民間亦成立兩岸相關組織，兩者最大的不同是：只有海基會才能處理公權力事務。但在二〇〇〇年政黨輪替後，兩岸不僅官方沒有往來，連海基會與大陸的海峽兩岸關係協會（簡稱海協會）的聯繫亦中斷，所以又在第四條增列「複委託」機制，這就是後來兩岸民間團體（我方是台北市航空運輸業同業公會）在澳門協商包機直航的「澳門模式」。

憲法的增修條文及兩岸人民關係條例的基本旨意都是「一個中國」，而一國兩區的概念，民進黨人士常譏笑馬英九為「區長」，可是這是既符合憲法及務實的作法，即使二〇一六年五月二十日蔡英文就職演說，也不得不提及憲法及條例。只是民進黨有台獨黨綱，這種務實講法的「賞味期」是多久？能否化解疑慮，還得觀察。

第三，這裡值得一提的是，陸委會負責政策規畫，海基會負責第一線執行，但因我方人事制度僵硬，使官方與民間團體人員無法交流，而事實上，要兩者交流才能互相學習經驗、體會困難。因此兩岸條例特別規定公務員轉任海基會後，其服務年資，於回任公職時得予採計，當時為了這個規定，曾多次協調銓敘部，而該部以從無先例，先是拒絕，經多方曉以重要性，才勉獲同意。其實這個條文是台灣內部的事，與兩岸事務根本無關，但能列入，當然是我的堅持，也感謝銓敘部的配合。

不過遺憾的是，雖有此規定，但實際使用者幾乎等於零。先期我在陸委會服務，海基會不願意接受陸委會的人員，後來二〇〇八年以後，我在海基會，卻是陸委會反對海陸兩會人員交流，當時海基會人員尤其是主管出缺時，我第一優先就請陸委會派人，但一方面是陸委會不同意，二方面是當事人無意願，因為海基會現金薪資待遇雖略高，然而加上福利後卻遠低於公務機關，更何況到了海基會後無法保證回任，別談能否升遷，更嚴重的是沒有公務員的月退金。解決辦法其實很簡單，只要陸委會規定輪調制度即可，升遷以輪調者為先。

我深深體會海基會是一個階段性任務的單位，這點與海基會前副董事長邱進益看法相同，待將來各項協議簽署完成，各業務主管機關建立直接聯繫管道，則海陸兩會應該合併。若海基會人員無公務員資格，則合併必產生問題。

最近幾年，有兩位具公務員資格的海基會同仁回任公務機關，都是靠個人關係，前往陸委會之外的其他機關。這個回任的規定是當時我跟馬英九建議並獲得同意的，然而馬英九卻不知為什麼不支持，是不是跟他選任的陸委會主委有關？

再看對岸的海協會安排，就像是我設計的，而且他們的人事，就遠比我們靈活得多，國台辦與海協會是一體兩面，「一套人馬、兩塊招牌」，彼此之間完全可以相互調動，其情況當然比台灣的「兩套人馬、兩塊招牌」要來得占有優勢。不僅如此，美國國務院與ＡＩＴ之間，或日本外務省與日本交流協會之間亦均如此。而我方雖有法卻不依，又能徒嘆如何。

第四，因為兩岸情勢變化快速，漫長的立法程序往往緩不濟急，於是條例中許多地方是授權行政機關訂定許可辦法，例如第七條大陸地區人民進入台灣地區要依許可辦法，第十六條大陸地區人民來台從事商務或觀光應經許可，第二十八條至第三十二條兩岸通航應經許可，此外台灣地區人民前往經商投資也要許可等等，規範需要許可的事項範圍極為廣泛。

第五，關於簽約、締結聯盟更是管得極嚴，中央機關當然不可能與陸方部委（會）締結聯盟，即使地方政府也不得行動，這可苦了金門、馬祖。因為兩地的生活圈離台灣有一大段距離，而且由於氣候因素，空中交通往往中斷，金馬地區反而與福建是生活圈，蔬果、醫療等當然是一體較為方便。所以金馬地區的縣長與議長，經常為此向陸委會陳情。

第六，第三十三條規定台灣地區人民不得任大陸地區黨、政、軍等職務或其成員。這個條文是當時國安局長宋心濂提出，原意是不得成為共產黨黨員，但法律條文卻無法這麼明訂，於是就訂得較為模糊，但這一來，就被反對人士擴大解釋並刁難，甚至當時籃球國手鄭志龍前往大陸參加職籃亦被指控。後來扁政府時期把禁止擔任職務的機關（構）及團體條文明訂，洋洋灑灑列入上百個單位。

比較有爭議的是兩種情況，其一是明訂禁止參加各級政治協商（簡稱政協）會議，其次是地方政府的專業職務。前者的原因是指政協章程明訂促進國家統一，但是對大陸政協組織有了解的人都知道，政協是廣納各界專業人士，包括醫師、學者、運動員、演藝人員、傳播人士；而地方政協從不討論國家大事，尤其是統獨問題，大多是討論解決民生問題。台商很希望參加成為政協委員，可以提案協助他們解決企業經營的困難，然而反對黨則指控應依法究辦。於是我就請台商證明是「特聘政協委員」，而另一方面請國台辦及海協會具函說明政協委員並無「台商」界別（即我方所稱類別），但如此一來，既非正式政協委員，就沒有提案權，當然就少了影響力。

而公告禁止擔任黨政軍等團體職務的單位名單，是二〇〇四年扁政府時期陸委會訂的。馬英九政府二〇〇八年執政後，任用台聯背景的賴幸媛，不知有意還是無心，從未檢討修正，例如衛生部已改名而不存在，又如中國科學院、社會科學院、中國工程院等基本上只是學術研究單位。另一方面，地方政府為了建設需要，例如福建平潭綜合實驗區，因專業工作需要聘用台灣人，完全與統獨無關，卻也禁止，難道人民沒有就業自由，國家要保證提供同等的報酬給這些人？

第七，第六十七條規定大陸地區人民繼承台灣地區遺產者，每人不得逾新台幣兩百萬元，這項規定當時引起許多法界人士爭議，認為限制不合理。以當時物價及所得，新台幣兩百萬元也許是個大數字，但時至今日，大陸的經濟發展，早已不把兩百萬台幣看在眼裡，以清華大學及北京大學為例，讀個EMBA就要繳費六十萬人民幣，這也見證二十幾年的時間，大陸全力發展經濟，造就崛起的奇蹟，也比下了台灣政治惡鬥、經濟停滯的惡果。

第八，第九十五條規定兩岸直接通商、通航及大陸地區人民進入台灣地區工作，「應經立法院決議，立法院如於會期內一個月未為決議，視為同意。」一九九〇年代初期，兩岸通航通商尚無急迫性，而且占我國經濟成長構成比例不高，但如今則是我方需求遠高於對方。近年來民進黨的縣市首長，搭乘兩岸直航班機，前往大陸推銷農產品，已經是絡繹於途。通航迄今八年，也沒發生反對人士所稱的「木馬屠城記」。

去鬆來緊，先單向後雙向

兩岸條例在立法院幾經波折，終於立法通過，並於一九九二年七月三十一日公布施行，許多相關許可辦法才由主管機關訂定，全方位的經貿、社會、文化交流才得以逐次展開，包括：

《大陸地區人民進入台灣地區許可辦法》（一九九三．二．八）
《在大陸地區從事投資或技術合作許可辦法》（一九九三．三．一）
《台灣地區與大陸地區貿易許可辦法》（一九九三．四．二十六）
《台灣地區與大陸地區金融業務往來及投資許可管理辦法》（一九九三．四．三十）
《在大陸地區從事商業行為許可辦法》（一九九四．一．三十一）
《大陸地區人民來台從事觀光活動許可辦法》（二〇〇一．十二．十）
《大陸地區人民來台從事商務活動許可辦法》（二〇〇五．二．一）
《台灣地區與大陸地區海運直航許可管理辦法》（二〇〇八．十二．十二）
《台灣地區與大陸地區空運直航許可管理辦法》（二〇〇九．六．二十五）

《大陸地區人民來台投資許可辦法》（二〇〇九・七・三）
《大陸地區人民來台就讀專科以上學校辦法》（二〇一一・一・六）

由以上辦法擬定先後可以發現，大的原則是「去鬆來緊」、「經貿為先，文化（來台就學）為後」、「先單向後雙向」。以人員來台的管理而言，其繁瑣不僅對大陸人民不便，對台灣邀請單位亦困擾，例如來台行程必須詳列，會見改變地點要申報，臨時增減行程也要許可，也許要增加這麼多手續，我們的行政人員才有事幹。

設計專責機關——陸委會

在擬定兩岸相關法規的同時，兩岸行政事務大量增加，已非臨時任務編組所能負荷，於是開始研擬成立專責機關，其設計及組織條例的工作，就落在研考會身上。我們首先將之定名為行政院大陸委員會（簡稱陸委會），因為大陸事務之「事務」兩字實為贅詞，設計的構想基本是以業務類別來設處，例如把所有事務區分為文教處、法律處、經濟處，將行政院所有部會的業務分別劃歸這三個處管轄，此外需要一個整體策略規畫及研究的單位，於是成立企畫處。另外，關於港澳地區，行政院本來就有一個任務編組的港澳小組，而港澳又不宜劃入外交部管轄，所以也編入陸委會成為港澳處，這也成為陸委會最早的外派單位，而其待遇則比照外交部駐外人員。除了以上業務單位外，兩岸事務常是媒體關注的焦點，而且有時駐台使節、外交部、新聞局的訪賓也常要了解兩岸情勢，同時，許多事務需要宣導並與國會溝通聯繫，所以又成立聯絡處負責此事。

最後一個特別的單位是祕書處，也是我極力爭取來的，因為祕書、文書、檔案、資訊、研考等，如果分別設立單位，就管理角度而言，又增加協調溝通的次數，所以我主張全部合併為祕書處，其層級較一般部會的祕書室為高，而與業務處處長同為十二職等，這是經向主管機關爭取協調獲得同意，中央部會唯一的創舉，應該也達到精簡的目的。從管理學的角度，單位越多，就會增加2^n的協調次數。

插入一個題外話，我原先在行政院研考會服務，這是一個掌管計畫的機關，其實一個組織要推動業務，不外乎人、錢、事（計畫），而我們的政府卻將之分屬人事總局、主計總處及研考會負責，結果是效率不彰，組織臃腫，人員膨脹；如果我們檢視企業組織，人事、會計、企畫人員的比例，絕對沒有行政機關多。

至於陸委會的層級定位，行政院幾乎所有部會的業務都與陸委會有關，所以當時設計陸委會的層級比其他部會高半級，由行政院副院長名義上兼任主任委員，而實際業務則由首席副主委負責。該職位當時已經決定由研考會主任委員馬英九轉任，而馬已是特任官，所以首席副主委的職等就訂為特任官，這是各部會中唯一的特任副主委，雖然國防部有一個特任副部長，但其職銜並非一般的副主委或次長。

但是這樣的層級設計，很快就被打破。一九九一年一月成立陸委會時，由行政院施副院長兼任主任委員，但一九九一年六月一日即由黃昆輝接任第二任專任的主任委員。

建立組織文化

當組織架構設計完成後，就有待填入血與

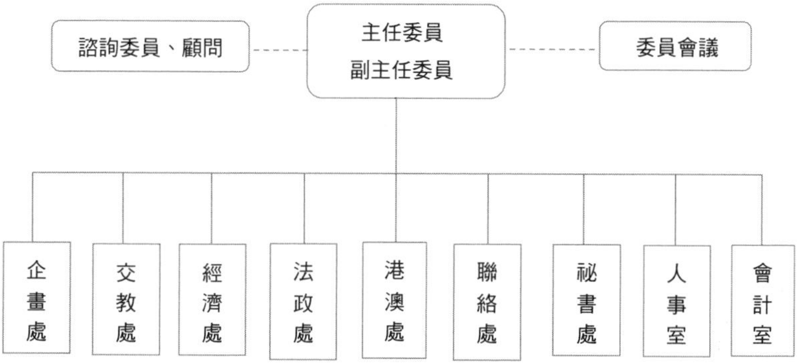

圖1 1991年陸委會組織體系圖

肉，也就是員額編制及徵補人才。當時請各處估計所需人數，一加之下，嚇了一跳，竟要兩百八十九人，我知道政府有預算限制，不可能一下給這麼多員額，經一再要求精實核算，終於減到一百七十九人，但這人數也比當時研考會的一百二十五人要多，形成了母機關研考會，衍生子機關陸委會，而子卻大於母的現象（後來國家檔案局併入研考會，孰大孰小又告翻轉）。

在員額確定後，就要開始對外招兵買馬，首先法律處就遭遇困難，因為我們的人事規定，法務體系的公務員有額外加給，但陸委會不屬法務機關，就無法申請加給（當然後來我們極力爭取，對已有領取資格而調任的人，仍可領取）。其次就是經貿處，因為經濟及財金部門一方面待遇稍高，另一方面升遷機會亦多，只好曉以大義，來為這份新生的兩岸事務奉獻。類似的情況也發生在其他處室，因為陸委會是純行政機關，又是新設，沒有房產資源，所領的是公務行政人員清湯掛麵的待遇，但這也顯示我們的人事待遇制度不合理，也沒有橫向歷練不同職務的制度。

當人員到齊後，公務運作又碰到另一個問題，這些人來自不同的機關，有人戲稱是「八國聯軍」，各有不同的工作程序、方式、用語、格式等習慣，於是又要從建立制度、工作手冊、講習訓練等著手，逐漸統一作法。這也是建立組織文化的重要一步，否則一個機關內部各單位主辦發出的公文各有特色，恐怕是個笑話。

海基會，不是海底雞

鑒於當時的客觀環境，雖然我方有陸委會，陸方有國台辦，但兩個官方機關直接協商談判的時機並不成熟，所以我們在設計陸委會時，同時著手設計民間的團體。

首先這個民間團體的定性，應該是公益的財團法人（註：這個名稱是法律用語，沿用日本的稱法，嚴格說來，這個名稱很容易引起誤解，以為是營利的財團；所謂財團法人，需要募資成立基金會，而基金會的代表人〔首長〕就稱董事長，這又與一般營利公司的負責人相同，反而不如大陸用法，直接稱為「會長」，還來得簡潔易懂）。

其次，這個組織該用什麼名稱，當時有幾個選擇，包括海峽兩岸、兩岸事務、兩岸交流等，後來大家決定用海峽交流基金會，以凸顯其交流、服務的功能，可是全稱「財團法人海峽交流基金會」，名稱太長，怎麼簡稱呢？經過討論，決定簡稱為「海基會」，但當時有人擔心音同的「海雞」是大家熟悉的鮪魚，恐被人戲弄；然而多數人則認為這是過慮了，稱習慣了也不會再誤解。

第三，這個組織既是民間團體，除了政府捐助基金外，當然應該有民間的捐助，但又不想大張旗鼓，弄得全民皆知，於是就選定部分熱心公益的大型企業負責人，擺下鴻門宴請他們捐助。記得那個年代，還沒有什麼科技產業，鴻海是名不見經傳的小型企業，台積電也根本還沒出頭，更別提仁寶、英業達等電子業，量販業也還沒出現，所以當時募款對象以傳統產業為主。但這也見證這四分之一個世紀以來，台灣產業結構發生的變化。那時捐款最多的是台泥辜振甫和太子汽車許勝發，各捐助四千萬元。

當時計畫募集基金三十億元，政府、民間各半，算盤是以當年銀行存款年利率一〇％計算，一年就有三億利息收入，足夠海基會使用。但第一年政府捐了五億，民間卻只捐了一・五億元，根本遠不敷需要，而利率卻一路下跌，二〇一六年定存年利只剩一％，許多銀行因為沒有貸款去路，還拒收大額存款，因此後來經費收入當然不夠開銷，年年動本。直到二〇〇八年江丙坤董事長及我到任後，積極爭取才提高政府補助，但近兩、三年來因政府財政拮据，補助款又逐年下降，好在缺額不大。

第一年政府的捐款原先是五億元，但後來海基會又來要求開辦費四千萬元，經向主計處爭取，答稱：應在原捐款額度內支應，但我一再向主計處爭取，最終勉強再增一半的開辦費兩千萬元，總數變成一個奇怪的零頭五・二億元。

第四，海基會是接受政府陸委會授權辦理涉及公權力事項的民間團體，原先並不想成立太大的組織，設想的規模約三十人左右，因此章程中除董事長由德高望重人士擔任外，設專職祕書長一人，副祕書長兩人，下設文化、經貿、法律、旅行等「組」，其中旅行組比較特別，構想中是將來兩會互設辦事處時，負責處理陸客來台發證事宜，至於海基會的業務，則列舉一些政府授權事項。但此項章程交到海基會手上，只在文字上小幅修改，實質上卻與原構想頗有差距，副祕書長人數由兩人改為二至三人，實際上則都是三人；所設各組改名為「處」，大概想與陸委會各處一較長短，而業務範圍則增列「其他」。

但因設置初期，能做的授權事項有限，於是都做了「其他」事項，而既未互設辦事處，旅行服務處也沒必要立刻成立。既然成立，又無業務，竟然提出考察黃山計畫。對於風景名勝，民間的旅行社為了生意當然會辦得更好。後來把偷渡客的遣返也放在旅行服務處辦理，這也是相當奇怪的事，難道偷渡客是來台旅行的嗎？好像應是法律性質的事。不過當初設計時，沒想到的是兩岸交流密切後，法律處的文書驗證數量相當龐大，而旅行處則變成處理兩岸旅行意外事件的單位，但業務量不大。因此二〇〇八年以後，江董與我就決定合併文化處與旅行處，即便如此，工作人員也僅十人

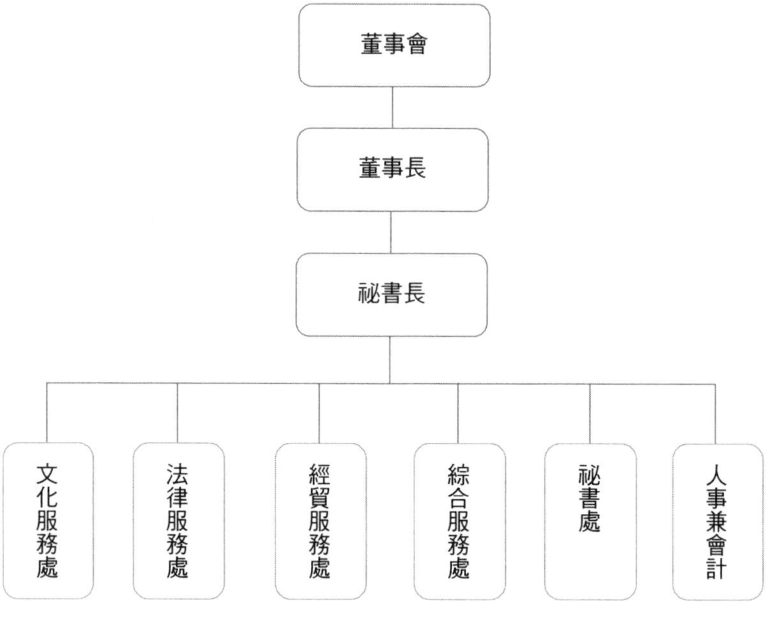

圖2 1991年海基會組織圖

左右。各處的名稱原先都加了「服務」兩個字，其實是個贅語，後來江董及我決定取消此兩字以求簡化。

消息走漏，仿AIT設計海基會

在設計海基會階段，一九九〇年四月二日《聯合報》頭版就報導擬成立類似AIT（American Institute in Taiwan，美國在台協會）的機構，綜理文化、經貿、旅行簽證等人民往來的事務，報導中並指稱「此中介團體一開始將先在香港成立，往後並考慮到大陸主要城市設立據點」。其中第一句是錯誤的，我們從未考慮在香港成立，因為一九九七年香港回歸中國，而陸委會成立後，政府的駐港單位（時名為中華旅行社）將由陸委會管轄，授權的民間團體並無必要在港成立。第二句話則是正確的，可惜歷經四分之一個世紀，尚未實現。當天報紙另一則報導指出，AIT人員要先辦國務院離職手續，但其在台任職年資仍可併入公職計算，這也是我設計兩岸條例第四條的構想，可惜也未能落實執行。

一切籌備就緒，一九九〇年十一月二十一日舉行第一屆第一次董監事會議，選出辜振甫先生為董事長，許勝發及陳長文為副董事長，並請陳長文兼祕書長。但因主管機關行政院大陸委員會的組織條例尚未通過，陸委會尚未正式成立，所以無法核准，又拖了一陣子，直到陸委會於一九九一年一月底成立，正式以公文核准，而海基會也於一九九一年三月九日正式掛牌成立。

海基會初試啼聲

海基會係於一九九一年三月成立，其實在正式成立前，媒體早已有報導。最初陸方表示，要玩民間組織，那是台灣方面的事，所以他們並無意願立即成立對口民間單位。二〇一六年三月九日，海基會前副董事長兼祕書長邱進益參加「海基會二十五週年回顧與前瞻論壇」時，亦有相同看法。

因此，海基會成立後，兩次赴大陸與陸方協商共同防制海上犯罪時，陸方是由國台辦直接出面，這也成為史上唯一由台灣民間與大陸官方（民對官）協商的紀錄，雙方都派出副首長層級協商。隨後，陸方發覺民間團體很好用，因為後面可有緩衝，於是跟隨海基會的步伐成立海協會，而海基會與海協會成為對口單位後，第一次正式協商是一九九二年三月，討論文書驗證的議題，但兩方出面談判人員層級反而都下降了，由處長領軍會談。

大陸不僅在兩岸事務成立民間組織，其實所有主管機關都有類似的民間組織，例如文化部就有「中華文化聯誼會」，可是當文化部人員來台時，所拿的名片除了名字不同外，其餘完全相同，也不知其本職究竟是什麼，以及負責什麼業務，所以他們有人自稱為「假名片」。

國統會與《國家統一綱領》

為了因應兩岸交流往來需要，行政院一九八八年八月成立任務編組的大陸工作會報，但這個單位任務是以行政事務為主。在國家整體層次，總統府也於一九九〇年十月七日成立任務編組的「國家統一委員會」（簡稱國統會），由李登輝總統親自擔任主任委員，聘請李元簇副總統、行政院郝柏村院長及台北市前市長高玉樹為副主任委員，委員則包括陸委會主委黃昆輝、政壇大老及德高望眾的朝野各界。委員會之下並設有研究委員，包括陸委會副主委馬英九等十餘人，研究委員的主要工作是幕僚，研提重要文件，提請國統會委員會議討論。

國統會成立後最重要的文件，就是一九九一年二月二十三日第三次會議通過的《國家統一綱領》，其內容有目標、四大原則及三階段的進程，詳見附錄2。

其中第一個原則就是「大陸與台灣均是中國的領土，……」其實質意義就是大陸加上台灣等於中國，台灣是中國的一部分，大陸也是中國的一部分。國統綱領的進程分別是近程（互惠交流階段）、中程（互信合作階段）及遠程（協商統一階段），每個階段又訂下一些條件，以當時看來都不容易做到，所以國統綱領剛提出的時候，大陸方面毫無回應，甚至稱之為「國家不統一綱領」。

然而事後演變是二〇〇〇年五月在台灣政黨第一次輪替後，二〇〇〇年八月二十四日中共副總理錢其琛在會見訪問時，首次公開提出「一個中國原則」的「新三段」詮釋，即「世界上只有一個中國，大陸與台灣同屬一個中國，中國的主權與領土不容分割」，並強調「一個中國是兩岸能夠接受的最大共同點」。在此之前，中共對於「一個中國原則」的傳統表述方式是：「世界上只有一個中國，台灣是中國的一部分，中國的主權與領土不容分割」。兩者相較，中共的態度已經呈現出較大的彈性，並給予雙方較大的迴旋空間。

後來我再有機會碰到大陸對台事務高層官員，就對他們抱怨說，一九九〇年國民黨李登輝總統執政時，提出國統綱領「大陸與台灣均是中國的領土」，也就是兩者都是中國的一部分，你們不回應，卻在十年之後，政黨輪替才正面回應。

因為國統會是任務編組，而行政院為了顯示對國統綱領的重視，特別於一九九一年三月十四日提經行政院第二二二三次會議通過，成為政府正式文件。

國統會另一個重要文件，就是一九九二年八月一日第八次會議通過的《關於「一個中國」的涵義》，內容如下：

《關於「一個中國」的涵義》

中華民國八十一年八月一日，國家統一委員會第八次會議通過

一、海峽兩岸均堅持「一個中國」之原則，但雙方所賦予之涵義有所不同。中共當局認為「一個中國」即為「中華人民共和國」，將來統一以後，台灣將成為其轄下的一個「特別行政區」。我方則認為「一個中國」應指一九一二年成立迄今之中華民國，其主權及於整個中國，但目前之治權，則僅及於台澎金馬。台灣固為中國之一部分，但大陸亦為中國之一部分。

二、民國三十八年（公元一九四九年）起，中國處於暫時分裂之狀態，由兩個政治實體，分治海峽兩岸，乃為客觀之事實，任何謀求統一之主張，不能忽

視此一事實之存在。

三、中華民國政府為求民族之發展、國家之富強與人民之福祉，已訂定《國家統一綱領》，積極謀取共識，開展統一步伐；深盼大陸當局，亦能實事求是，以務實的態度捐棄成見，共同合作，為建立自由民主均富的一個中國而貢獻智慧與力量。

這個決議實質上是「一中各表」，這後來也成為一九九二年十一月兩岸關於一個中國原則。我方去函表述的內容前後八十四個字（全文見第二章第一節），其中關鍵的兩句是：「……雙方雖均堅持一個中國的原則，但對於一個中國的涵義，認知各有不同。……」這也獲得大陸方面回函表示尊重與接受。

國統會前後共舉行十四次會議。二〇〇〇年政黨輪替，陳水扁上台時，為緩和兩岸關係，其就職演說提出「四不一沒有」，其內容是：

「四不」是指：

一、不宣布獨立

二、不更改國號

三、不推動兩國論入憲

四、不推動改變現狀的統獨公投

「一沒有」是指：沒有廢除國統綱領與國統會的問題。

但是陳水扁連任總統後，就完全忘記他講過的話，二〇〇六年春節表示將認真考慮廢除國統會及國統綱領，美國方面聽到這個消息說法，大吃一驚，因為二〇〇〇年就職演說，美國居間協調，好不容易美中都默認「四不一沒有」的講法，結果卻出現這個變化。因此美方堅決不同意扁政府使用「廢除」（abolish）一詞，二〇〇六年一月三十日，美國國務院罕見地主動針對陳水扁的新春談話發表聲明，重申美國對台政策基礎為「一個中國、台灣關係法和三項公報」，針對陳水扁的言論，表示反對任何片面改變現狀的舉動。

由於受到美國政府的壓力，扁政府則取巧，用中英文的差異，不用「廢除」（abolish），準備改用「終止」（terminate）一詞。最終陳水扁在二〇〇六年二月二十七日主持國安高層會議後決定，以更緩和的一詞 cease 廢統，就是國統會「終止運作」（cease to function），不再編列預算，原負責業務人員歸建；《國家統一綱領》也「終止適用」（cease to apply），並依程序送交行政院查照。

大陸工作體系

前述國統會不是一個正式的法定機關，它只是一個集合朝野各界的諮詢性任務編組，一九九一年成立，二〇〇〇年政黨輪替後，就沒再開會，到二〇〇六年扁政府時期終止運作。其最重要的成果應該就是一九九一年「國家統一綱領」及一九九二年「關於一個中國的涵義」。對照後來李登輝態度的轉變，如今回想，它不過是用來敷衍正統依憲法主張中華民國的人士，不過那兩份文件的實質內涵，倒也是兩岸政策的重要指導綱領。

至於正式的大陸工作體系，則是由國家安全會議（簡稱國安會）、陸委會及海基會等由上而下的三個單位構成，其各自的功能請見圖3。國安會是依據「國家安全會議組織法」成立的法定機關。它的名稱與一般人認知不同，雖名為「會議」，但實則是法定的「機關」，有固定的人員編制及預算。

所謂國家安全，依據其組織法第二條，包括了「外交、國防、兩岸關係及國家重

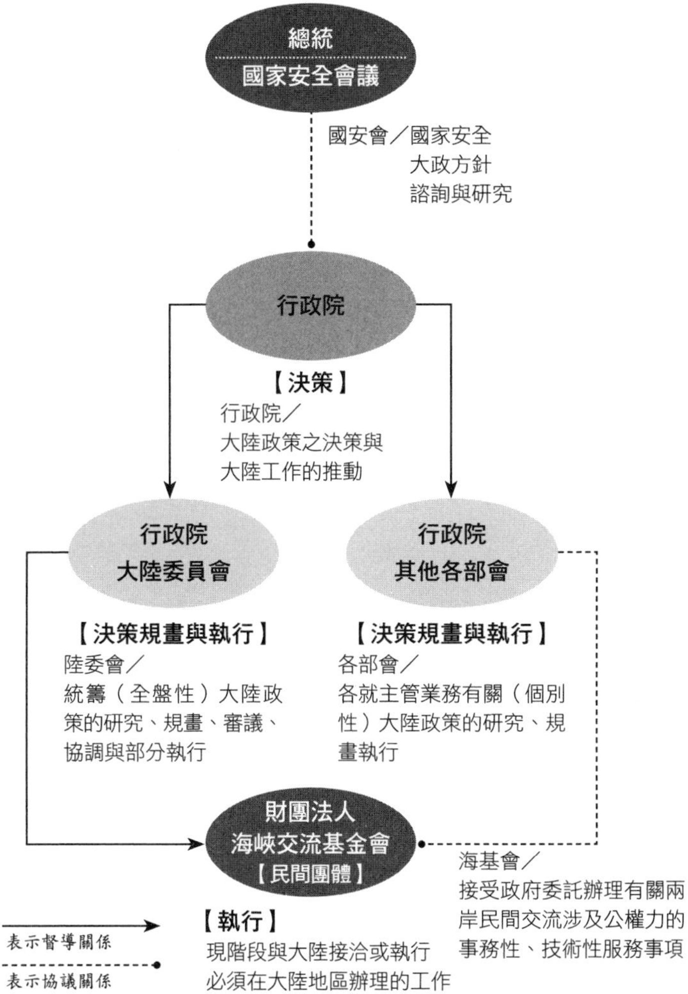

圖 3 大陸工作組織體系圖

大變故之相關事項」，組織法也明定總統為主席，出席人員包括副總統、行政院正副院長、內政部長、外交部長、國防部長、財政部長、經濟部長、陸委會主委、國安會秘書長、國安局長等（見第四條），實際上出席人員依議題性質而略有不同。以馬英九前總統時期為例，他是定期召開兩岸小組會議，出席人員有副總統、行政院長、國安會秘書長、陸委會主委、海基會董事長，其他人員則依議題需要邀請相關首長出席，由於都是權責首長，所以兩岸事務都能在會中拍板定案。二〇〇八年以後歷次會談協商的議案，包括協商過程及協議的定案都經由此一程序確認。

《金門協議》與偷渡潮

海峽兩岸自一九四九年分隔以來，一九九二年首次進行官方授權成立機構的協商，但其實在一九八九至一九九四年期間，大陸偷渡客蜂擁來台，尤以一九九三年（八十四年度）達到高峰（見表1），將近六千人，數量之多已使收容偷渡客的靖廬人滿為患。那時全台設立四所靖廬，分別在宜蘭、新北三峽、新竹及馬祖，因為問題嚴重，所以在陸委會、海基會還沒成立前，就已授權雙方紅十字會組織，基於人道立場協商，而於一九九〇年九月就遣返問題簽署《金門協議》，這應該算是兩岸分離以

表 1 大陸地區人民非法來台統計表

（單位：人）

年度	緝獲收容人數	遣送人數	尚未遣送人數（累計）
76	762	760	
77	2,260	1,978	
78	3,384	3,664	
79	5,626	5,057	
80	3,998	4,409	
81	5,446	3,445	2,409
82	5,944	5,986	2,665
83	3,216	4,710	570
84	2,248	1,427	1,337
85	1,649	2,250	720
86	1,177	1,216	618
87	1,294	1,121	741
88	1,772	1,166	1,256
89	1,527	1,230	1,451
90	1,469	1,948	871

表列可見偷渡客的高峰期是1992－1993年（81－82年度）。

資料來源：海基會

來的第一個協議。

這個協議對於簽署日期的表達，已經是各說各話，大陸用西元，我方則用民國，但以後的協議則只有月、日，至於年分則自行於會後加註。

第二章

辜汪會談

與大陸談判，切記避免只簽原則

海基會一九九一年成立後，即與國台辦及後來的海協會，協商文書驗證及掛號信函查詢補償，實質內容均已達成共識，但陸方要求在協議前言加上「一個中國的原則」，我方認為兩項協議都是「事務性、技術性、功能性」，應不涉及政治議題，更何況大陸方面常對外提一個中國三段論「即世界上只有一個中國，台灣是中國的一部分，中華人民共和國是中國的唯一合法政府」，我方如接受所謂一個中國的原則，豈不是陷入對方陷阱。因為陸方的作法常是自行解釋原則，這也是國際學者歸納與中國談判應注意事項。

雙方談了一年半，始終沒有進展，恰於此時，國家統一委員會於一九九一年八月一日通過「關於一個中國的涵義」決議文：「指兩岸均堅持一個中國的原則，但對於一個中國的涵義各有不同，我們指的一個中國即中華民國」，我方即擬據此與對方交涉。

當年十月三十日雙方約於香港會談，關於一個中國的問題，雙方各提出五個方案，但互不接受，直到十月三十一日延長協商時，我方再提出三案，海協會並未回應即離開會場返回大陸。唯時隔三天，十一月三日海協會副祕書長孫亞夫致電海基會祕書長陳榮傑，表示對於第三案「願意尊重並接受」，海基會當即去函表示徵得主管機關同意，以口頭聲明方式各自表達，而我方將根據《國家統一綱領》及國統會對於一個中國涵義的決議，加以表達。

海協會隨後於十一月十六日針對一個中國問題回函：「充分尊重並接受貴會建議」。茲將我方表述內容全文作為附件。

附貴會於十月三十日下午所提的口頭表述方案：

「在海峽兩岸共同努力謀求國家統一的過程中，雙方雖均堅持一個中國的原則，但對於一個中國的涵義，認知各有不同。唯鑒於兩岸民間交流日益頻繁，為保障兩岸人民權益，對於文書查證，應加以妥善解決。」

同時也將海協會擬表述的要點函告，雙方表述的內容都很長，我方的長達八十四字，對方的也多達七十餘字。我方表述的內容中，最關鍵的兩句話是「雙方雖均堅持一個中國的原則，但對於一個中國的涵義認知各有不同」。這件事的發展是一方建議，另一方接受，雖非雙方簽字的協議，但稱之為共識，並不為過。這個共識因為文字過長，一般人不易了解，後來媒體將之歸納簡稱為「一個中國，各說各話」，及「一個中國，各自表述」，其中以後者廣為採納，並簡稱為「一中各表」。

總結來說，這個共識有幾個特點值得強調：

一、緣起：因為我方不同意大陸所稱的「一個中國原則」。

二、形式：不是雙方簽字的協議，而是雙方交換信函並表示尊重與接受的文件，只能稱為共識。

三、成果：擱置爭議，兩岸開始務實協商。

依據這個共識，雙方開始籌備兩會第一次協商，經過來回磋商，決定於一九九三年四月在新加坡舉行，此即通稱的「辜汪會談」（海基會董事長辜振甫、海協會會長汪道涵）。

簡單的事情複雜化，清楚的事情模糊化

至於「九二共識」這個名詞，是二〇〇〇年才出現的，它可以更模糊化大陸所謂的一個中國原則。這件事的史實是九二共識，而非「九二會談」，因為九二的香港會談，根本沒有共識。

而這個共識可說是雙方發揮智慧所創造出來的模糊共識，擱置了主權爭議，雙方都有台階可下，也能對內交代。我常說，兩岸對於政治性爭議的問題，最好的解決辦法就是「簡單的事情複雜化，清楚的事情模糊化」。

除了「一個中國」議題外，另外一個敏感的議題「偷渡客遣返」，也用這個方法解決爭議，因為兩岸雙方互不承認為他國，當然就不能稱之為偷渡，於是經由一再磋商，大家想了一個辦法，稱之「違反有關規定進入對方地區人員」，陸方甚至對於「法律」一詞也很敏感，而用「規定」來取代。

而這裡還有一段插曲，對方原先想在有關規定之前加入「雙方」兩字，但如此一來，必須同時違反兩岸的規定才能遣返，可是我們研究後發現，偷渡客多為福建沿海的漁民，而陸方當時因在地就業困難，還有發證輸出漁工的作法，也就是對這些人發

「出外務工」證明，結果這些人如偷渡，並未違反大陸的法規，卻已違反我方法規，因此我們堅持必須刪去「雙方」，才符合協議的精神。

辜汪會談

好不容易，海基會、海協會終於敲定一九九三年四月二十七至二十九日在新加坡舉行辜汪會談，兩岸選在新加坡，新加坡總理李光耀扮演中介的角色。為了這個會議，雙方舉行了兩次預備性磋商，對於協議的內容固然要討論，但更重要的是形式，我方極為重視的是對等與尊嚴。例如傳統上以右方為大，於雙方簽署協議時誰坐右方，也成為一個協商的議題。原本兩岸是決定簽署公證書使用查證、掛號信函查詢補償及兩岸聯繫與會談制度等三個協議，一直到會談前一天才又敲定第四個——辜汪會談共同協議。

也幸虧協議數目為偶數，雙方簽完兩個協議後，辜汪兩人互換左右位置，再簽署另兩個協議；如果是單數協議，那就不知道該如何對等了。此外，兩會負責人簽署時，原先後方各自站了海基會與海協會人員觀禮，可是因為人數太多，所以當負責人換位時，後方的人並沒有互換，於是形成辜振甫先生背後的觀禮人是海協會的怪象。

辜汪會談是兩岸一九四九年隔離後，首次官方授權的協商談判，而且達成協議，在國際間是一件大事，採訪的國際記者多達五百人，被國際視為兩岸關係的一大突破。

另一點值得注意的是，我方正式公文書都是使用民國紀年，但大陸反對並主張使用西元紀年，拉鋸多次，最後雙方妥協的結果是協議文本只有月、日，年分則各自回去後才補填。這個作法，如與一九九〇年的《金門協議》相比，是倒退的，當時雙方紅十字會代表分別註記西元及民國紀年。但是隨著時間的推移，台灣多數人也習慣了西元紀年，為了與國際接軌，其實不必堅持，以免與外賓交談時，還要費心去改算民國為西元。

談判要練乒乓球？

前往對方客場談判時，前方與總部的聯繫溝通就很重要，簡單的事以代號處理，但稍複雜則必須仰賴電話與傳真。前後方需要溝通時，為了防止對方竊聽，我們攜帶保密電話與保密傳真機，這兩種設備都裝了保密卡，當電訊發出時會變成亂碼，而接收方也需裝保密卡的設備，才能解密聽出或看懂。要經過這樣複雜的程序，耗費時間當然不少，尤其加上天候或干擾因素，更常中斷，必須重來。通常前方是白天談判，晚上還有晚宴，結束後才有時間寫報告，因此傳回後方總是在午夜前後；後方總部在陸委會辦公室等待期間，除了商討對策外，空餘時間就打乒乓球打發時間，純粹是好玩，談不上競技。有一次等得最久是到清晨五點，有些同仁住得較遠，就乾脆不回家而繼續上班。

九〇年代，海基會與海協會協商的接待晚宴，還有「拚酒文化」，好在那時海基會許多人酒量還不錯，甚至以其姓名開玩笑，例如祕書長焦仁和（叫人喝），副祕書長石齊平（酒量十七瓶），但他實際上不大喝酒），主任祕書吳恕（無數）。而我們陸委會的人，則解嘲說會喝的都派去海基會了，留下來的是不會喝的「陸」軍。實際情況是蘇起副主委不喝酒，葉金鳳副主委也不大喝，他們兩人酒量加起來沒我好，但其實我的酒量也差，結果是三位副主委的酒量加起來還不如主委黃昆輝一人。

千島湖事件

一九九四年三月三十一日，浙江千島湖發生一起震驚台灣民眾的搶劫焚燒事件。

千島湖是浙江的一個風景區，位於浙江省淳安縣，它是因興建水庫，攔壩積水形成一座大湖，而露出水面的群山就變成小島，數量極多，所以稱之為千島。這些島，有些面積還不小，部分有廟宇，部分則飼養蛇、猴等動物，成為有特色的蛇島或猴島，風景優美，水質清澈。知名作家龍應台的老家就在這裡，已被埋入水中，她的著作《大江大海一九四九》曾提及此事。

那天一團台灣北部的遊客二十四人，搭乘海瑞號遊艇遊湖，由於當時兩岸經濟發展有一定差距，大陸人看台灣人都是有錢人，因此就動了歪腦筋，又因湖面廣闊，不易察覺，他們不但搶劫，還將人員都趕至底艙燒死，塑造成意外事件的假象。當地政府並沒有通報我方，而將亡者全部火化。

經強力交涉，後來終於同意我方派時任北市刑警大隊長侯友宜率領專家前往了解，真相得以大白，這個動作事涉行使公權力的意義，能夠獲得同意，實屬不易。後來大陸方面也宣布破案，抓到嫌犯，處以極刑。當時李登輝總統對此極為不滿，大罵中國是「土匪」，腦筋「控固力」（台語混凝土，意即僵硬不化），其實以總統之尊，有無必要如此，值得商榷。

事發後，陸委會積極開會研討，並決定派員分赴受難者家庭慰問。記得受難者分別家住三重及木柵，我負責木柵部分，連夜親往慰問，並表達政府將會追究到底。民眾對於政府劍及履及的關心均表感謝。

一中各表，陸方斷章取義

一中各表共識形成後，雙方有人員往來、經貿及文化交流，又有官方授權的兩會協商，兩岸關係達到一個小高潮。一九九五年五月底，海協會唐樹備副會長還前來台灣，與海基會焦仁和副董事長為第二次辜汪會談舉行預備性磋商。一九九五年六月，李登輝總統赴美國康乃爾大學（Cornell University）演講，台灣媒體詢問唐樹備，李的訪美會不會影響第二次辜汪會談的籌備，當時唐還答稱不會。

然而後來陸方指控李違反一個中國共識，片面推遲了兩會之間的協商，暫停第二次辜汪會談，而且這一中斷，竟然長達十三年。直到二〇〇八年馬英九就任總統，指派江丙坤先生擔任海基會董事長，雙方才又在九二共識的基礎上恢復協商。

一九九五年大陸的不滿，造成陸方只強調兩岸共識的一中部分，而拒絕各表；而台灣也認為大陸小題大作，兩岸關係逐漸走下坡。一九九五年七月及一九九六年三月台灣第一次總統大選時，大陸發射了兩次飛彈，導致兩岸關係緊張，好在陸方尚能克制，美國也表關切，甚至派出航空母艦，兩岸才能避免衝突。記得在那之前，一九九四年坊間出了一本預言書，書名就是《一九九五閏八月》，預言中國人民解放軍將於一九九五年閏八月出其不意地以武力進犯台灣，好在預言沒有成真，否則將是兩岸人民的一大災難。

一九九八年兩岸都曾有意緩和緊張關係，於是在上海舉行一次辜汪會晤。稱之為「會晤」，而不稱「會談」，是因為只是交換意見，沒有簽署協議。那一次，蔡英文還隨團擔任顧問。雙方約定次年由汪道涵回訪台灣。然而一九九九年七月，李登輝接受蔡英文建議，於接受《德國之聲》記者訪問時，拋出〈兩國論〉，指兩岸是「特殊國與國關係」，對兩岸關係投下一枚震撼彈。第二天不僅股市大跌，陸方也做出強烈回應，取消汪道涵的回訪。

江八點、李六條與兩岸麻將？

一九九五年一月三十日農曆除夕，中共（中國共產黨）總書記發表了題為「江八點」的講話，其內容是：

一、堅持一個中國原則，是實現和平統一的基礎與前提。

二、對於台灣同外國發展民間性經濟文化關係，不持異議。

三、進行海峽兩岸和平統一談判，是中共一貫主張。

四、中國人不打中國人；不承諾放棄使用武力，絕不是針對台灣同胞，而是針對外國勢力干涉中國統一和搞「台灣獨立」的圖謀。

五、大力發展兩岸經濟文化經濟交流與合作，主張不以政治分歧去影響、干擾兩岸經濟合作。

六、五千年文化是維繫全體中國人的精神紐帶，也是實現和平統一的一個重要基礎。

七、充分尊重台灣同胞的生活方式和當家做主的願望，保護台灣同胞一切正當權益。

八、歡迎台灣當局的領導人以適當身分前往訪問。

這八點內容要旨，可以歸納如下：

◆主張一個中國，反對「兩個中國」、「一中一台」。

◆進行兩岸和平統一談判。

◆開放兩岸三通（註：指通航、通郵、通商）。
◆主張兩岸領導人可以互訪，不必借助任何國際場合。

當天是農曆除夕，而蕭萬長主委又出國，於是我只好趕緊召集主管，放棄年假，研商如何因應。對外也邀集學者專家舉辦四場座談會，徵詢各方看法和意見。歸納整理後，提出「對江澤民新春談話的分析」，二月九日由蕭主委於行政院院會報告，二月十三日蕭主委又連續三天向立法院各黨團分析。後來我跟對方開玩笑說，拜託不要挑放假的日子給我們功課做。

針對江八點的回應，當時的行政院院長連戰於二月二十一日在立法院施政報告中，指出四項具體作法是「面對現狀、增加交流、相互尊重、追求統一」（也被稱為連四點），強調現階段兩岸關係仍宜以經貿關係為主軸。

隨後李總統於四月八日國家統一委員會上發表談話，提出「李六條」：

一、在兩岸分治的現實上追求中國統一。

二、以中華文化為基礎，加強兩岸交流。

三、增進兩岸經貿往來，發展互利互補關係。

四、兩岸平等參與國際組織，雙方領導人藉此自然見面。

五、兩岸均應堅持以和平方式解決一切爭端。

六、兩岸共同維護港澳繁榮，促進港澳民主。

回頭追溯陸方對台最早發表此類文件的是「葉九條」，那是一九八一年十月一日由全國人民代表大會委員長葉劍英提出「有關和平統一台灣的九條方針政策」，陸方從葉九條到江八條，而我方則提了連四點及李六條。當時有人開玩笑地以麻將術語來分析兩岸的互相喊話，陸方提了葉九條、江八點，原先希望台灣出個七條就能胡了，但台灣卻拆了四條及六條，難怪胡不了，這當然是玩笑語。不過後來兩岸不時發表這類談話，例如後來的胡錦濤也於二〇〇八年十二月三十一日提出六點對台政策方針，被簡稱為「胡六點」；習近平也於二〇一五年十一月七日在新加坡馬習會提出四點，各點開頭兩字均為「堅持」，故又稱「四個堅持」，但歸納來說，大陸對台政策核心其實只有八個字「和平統一，一國兩制」，目前的策略是主張「九二共識，一個中國」。

劫機潮與黑金鋼手機

一九九〇年代初期，剛發明手機，當時的手機不僅體積龐大，比一瓶礦泉水還大，而且相當笨重，顏色又是黑的，所以大家戲稱那是「黑金鋼」。唯一的好處是「可移動的」，不必坐在定點使用電話，但通常無法隨身攜帶，且價錢不便宜，當時要價近兩萬元台幣。我因為職務的關係，也備了一支，但是我並無隨扈隨行，不知這手機有什麼用。

沒想到第一次使用黑金鋼手機，是用來處理大陸劫機來台事件，那是一九九三年四月初的清明節假期，發生第一起大陸人士劫持民航機來台，由於無前例可循，我立即以手機與境管局、航警局與交通部民航局等機關聯繫，並請示國安單位，研商後決定本著國際公約及慣例，人機分離處理，使航空器及乘客、機組員盡速繼續其航程，而留置劫機人犯依法追訴處罰，經法院判決，發監執行。

很奇怪的是，在一九九三到一九九四年間，大陸竟有十二架飛機被劫持來台，而且多半是在假期發生，致使我們相關人員須加班處理，忙得不可開交，這也算是一個世界奇蹟的「劫機潮」。

本來陸方對我們留置劫機犯追訴判刑，從政治的管轄權理由表示反對。但是後來一九九七年三月，台灣也有一架民航機被劫往廈門，他們同樣也採取「人機分離」模式，將劫機犯留下偵辦。此後二十年，都沒再發生劫機，目前世界各國飛安檢查都極嚴格，大陸甚至有飛安人員隨機，應該也不會再發生這種情形。

第三章

破冰和平之旅

江丙坤破冰之旅

國民黨副主席江丙坤銜命於二〇〇五年三月二十八日率團赴陸，展開「破冰之旅」，這是兩岸分隔以來兩黨最高層的接觸。江丙坤先在黃花崗向革命先烈獻花致敬，並赴南京拜謁國父中山陵，隨後轉往北京，會見時任政協主席的賈慶林。賈轉達了胡錦濤誠摯邀請國民黨連戰主席到大陸訪問，江隨即致電連戰，當時連戰正在日本愛知縣參觀世博會，他立即表示欣然接受。

江丙坤後來與國台辦主任陳雲林連夜深談，針對兩岸關係及台商權益等交換意見，達成江陳十二點共識如下。國民黨時為在野黨，但執政的民進黨並無與大陸的溝通管道，而江丙坤等於是打了前鋒，為後來的兩岸通航及觀光客來台，奠立基礎。

一、關於兩岸節日包機常態化，以及貨運包機便捷化，大陸持積極態度推動，國民黨將繼續派團磋商。

二、大陸願幫助台灣農產品銷往大陸，國民黨將繼續派團磋商。

三、有關兩岸農業合作，大陸願協助台灣農民到大陸發展，並保障台灣農民權益；國民黨願促成兩岸農業合作。

四、大陸同意跟台灣簽署台商權益保障協議。

五、大陸願為開放大陸民眾赴台旅遊做準備。

六、大陸正面回應，願進一步研究開放台灣保險金融醫療運輸業問題，以及信息產業標準化問題的研究及制定。

七、大陸願促成兩岸媒體互派常駐。

八、關於大陸對台漁工輸出勞務問題，就漁工保險工資休息場所等，與台灣民間行業進行磋商。

九、兩岸民間可進行縣市鄉鎮間交流。

十、大陸願對台灣學生在大陸求學收取與大陸學生相同學費標準，並設獎學金。

十一、大陸提出共同打擊犯罪議題。

十二、便利台胞往來大陸措施。

連戰和平之旅及連胡會

二〇〇五年三月，大陸的人大通過反分裂法，使兩岸關係陷入緊張。後來國民黨主席連戰毅然決然答應中共總書記胡錦濤之邀請，於二〇〇五年四月底前往北京，進行破冰和平之旅，這是國共兩黨領導人自一九四九年分隔以來的首次會面，當然引起國際重視。

當時的民進黨政府則恐嚇說，此行不得簽署任何協議、共識，甚至不可發布共同新聞稿，最後只得改變方式，以「連胡五願景」來表達共同看法，其內容如下：

一、促進盡速恢復兩岸談判。

二、促進終止敵對狀態，達成和平協議。

三、促進兩岸經濟全面交流，建立兩岸經濟合作機制。

四、促進協商參與國際活動問題。

五、建立黨對黨定期溝通平台。

後來這五個願景於二〇〇九年納入國民黨黨綱，成為黨的政策。這份文件可以說為二〇〇八年國民黨重新執政後的兩岸關係奠定了基礎。

隨後，國共兩黨也同意展開台商權益保障座談會，台灣方面由時任智庫國家政策研究基金會執行長江丙坤領軍，幕僚作業是由智庫之國家安全組的我及鄧岱賢（二〇一五年在海基會擔任經貿處處長）負責。我們不僅蒐集書面資料，還實地走訪大陸與台商面談，了解他們的問題，歸納建議，擬妥草案後，即與陸方中共中央台灣事務辦公室（簡稱中台辦）率領的相關部委，包括商務部、海關總署、稅務總局、工商行政總局、國土資源部、公安部等機關代表，在釣魚台開會研商解決之道。這個會自二〇〇五年起連續三年召開，直到二〇〇八國民黨執政方告停止，回歸到半官方的海基會。後來陸方為了協調各部委及地方政府，除了國台辦經濟局之外，特別成立「協調局」專責處理。

除了上述台商權益會議之外，國共兩黨也每年舉行一次論壇，原先俗稱國共論壇，後來正式的名稱是「兩岸經貿文化論壇」，出席人員不限國民黨籍，包括泛藍各政黨，也有部分個別的民進黨人士。討論的議題範圍極廣，舉凡經貿、農業、文化、教育都涵蓋在內。也提出一些結論，成為後來國民黨執政時的參考。

綜合來說，二〇〇五至二〇〇八年這三年之間，國共的交流，包括台生就學大陸學校，不再比照外國學生，而改按其本地學生標準收取學費；台灣部分農產品可以免稅銷往大陸；決議將推動兩岸直航；並開放陸客來台觀光。

連主席率領的國民黨參訪團，所到之處萬人空巷，引起轟動，沿街人潮爭相瞻仰其手采。我當時並未在國民黨代表團內，但我應中央電視台的邀請赴陸，上央視節目評論連戰一行的成果。中央電視台負擔來回機票、星級住宿，並包了一輛轎車供我個人使用，可說是高規格的禮遇接待。

那是我第一次上大陸的電視節目。當天連戰在北京大學的演講極為精彩，也提到胡適及傅斯年校長，他們從北大到台大，學術的自由思想一脈相傳，也連結了兩岸。

電視轉播與演播室

錄影間，大陸稱之為演播室，我面前放了兩台電視機可觀看轉播，一台是央視的，另一台則是衛星接收台灣傳回的現場實況轉播，妙的是轉播的進度，竟然是台灣的較快。台灣的部分是由北京上衛星傳回台灣，然後再反向回到北京，竟然還比當地的轉播為快，後來我了解，央視的轉播實際上是延後數十秒，深怕連先生致詞有他們不願見到的內容，但全程下來，並沒有這個問題，所以轉播及評論都進行得很順暢。

由此可觀察到兩個現象，第一是相互信任的重要，那時候第一次接觸，雙方對於尺度拿捏難以掌控，為了安全，先有央視幹部觀看審查，沒問題後才播出；第二是大陸全國都很重視連戰一行訪問，央視更花了不少錢轉播。當時我對大陸的制度還不完全了解，問了一個外行的問題，我說央視是獨家，何必為這個節目投入這麼多人力及金錢？他們回答說是為了收視率。在電視市場，央視是中央的，但各省市還有地方台，不僅中央要與地方台競爭，即使是央視，本身也有許多頻道，相互也在競爭收視率。央視的頻道現在已有十幾個，他們稱之為「套」，例如CCTV4，即為央視四套節目。

還有一點讓我有些驚喜，因為事後他們還發給我一筆比台灣水準還高的「演播費」（即台灣的出席費、車馬費），是我生平第一次領到人民幣的收入，而且名義上是演播費，台灣地區不明就裡的人，可能還以為我上央視去演戲了。

驚睹沙塵暴

此行赴北京，還有一件事讓我震驚。有一天早上醒來，見屋外沒有下雨，卻很陰暗，一看腕上手錶已經過了八點，心裡正在納悶怎麼回事。後來出門一看，嚇了一跳，地上一層薄沙，車上也覆蓋一層沙土，原來是沙塵暴來襲。我以前只聽過這個名詞，此行親眼目睹，果然威力不小。但這也顯示環保的重要性，如何植樹及做好水土保持，防止來自蒙古的沙塵，值得投入大量心力。

但這幾年來，比沙塵暴更嚴重的一個問題出現，那就是霧霾，空氣中的細懸浮微粒ＰＭ二・五，看去像霧，但屬汙染，對人身會有傷害。這是發展工業、人類生活及運輸排放的汙染，大陸必須改變成長優先的策略，兼顧環保，才是經濟發展、人民幸福的正途。

兩岸恢復協商溝通

二〇〇八年五月二十日，馬英九就任總統。五月二十六日，海基會舉行董事長改選，由江丙坤接任董事長，我是副董事長兼祕書長，我們隨即去函海協會，告知此項人事異動，並建議在九二共識基礎上恢復協商。而海協會也回函表示同意，並建議六月十一日至十四日在北京舉行。

大陸海協會自從汪道涵會長於二〇〇五年往生後，就沒有補實會長，此次則於六月三日召開海協會理事會議，改選陳雲林為會長，因此兩會的負責人分別是江丙坤及陳雲林，兩會的會談就簡稱「江陳會談」。兩人的會談自二〇〇八年開始，直到二〇一二年江丙坤辭職離開海基會，一共舉行八次，簽署了十八項協議。很巧的是在二〇一二年八月八日，在台北舉行第八次，簽署第十八項協議，一連串的八，在我們的習俗中代表吉祥如意，兩人也圓滿地完成歷史任務。

江陳會談是繼一九九三年辜汪會談之後的第二次兩岸談判，中間中斷十五年之久，而海基會與海協會的聯繫也於一九九九年後中斷，海基會的去函猶如石沉大海，連續中斷了十年。其間曲折起伏，甚至於陷入危險邊緣，蘇起於二〇〇三年由天下文化出版《危險邊緣：從兩國論到一邊一國》一書，事實上，我認為更危險的是中國大陸於二〇〇五年三月十四日人大通過的《反分裂國家法》，其中第八條明定三種情況得採取「非和平方式及其他必要措施，捍衛國家主權和領土完整」：

一、台灣從中國分裂出去的事實。
二、發生將會導致台灣從中國分裂出去的重大事變。
三、和平統一的可能性完全喪失。

這三種情況，被解讀為中國大陸武力犯台的三個條件。

為了化解這個緊張的情勢，國民黨連戰主席於三月底派副主席江丙坤率團訪問大陸，進行「破冰之旅」，隨即又敲定四月底由連戰率團訪問，進行和平之旅，並舉行「連胡」會。反對人士基於意識型態，到桃園機場舉牌抗議，但如果能理性地深入思考，應該會了解這個動作緩和兩岸緊張的意義。

第四章

協商與談判

兩岸協商，實即「談判」（negotiation），但使用談判一詞，似乎顯得太嚴肅或嚴重。事實上，類似的名詞還不少，例如「討價」（bargaining）用在買賣物品；「諮商」（consultation）多用於國際商務談判，例如世貿組織的談判；有時又用「會談」（talks），但其實不僅是談談而已，兩岸會談的結果是簽署協議；有時也稱「對話」（dialogue）及「爭端解決」（dispute settlement）。

談判多半是針對雙方有爭議的事項，透過和平的協商談判，尋求解決之道，簡單來說：

一、存在僵局或利益衝突。

二、願意尋求妥協，而非衝突破裂。

三、各讓一步，互取所需（give and take）。

不過有時需要對方配合，單方無法解決事務，有時也透過協議來處理，例如兩岸於二〇〇八年簽署《大陸觀光客來台協議》。其實我們開放台灣旅客出國，或開放他國觀光客來台，都沒簽協議，可是以陸客來說，對方人口實在太多，到底哪一類的人、哪些地方的人有資格申請，對方認為要經審核許可，所以我們也透過協商來處理。然而後來台灣開放大陸學生來台求學，就沒再簽協議，而是相互以行政規定開放。

有一次，一位立委問我，為何兩岸協商都沒有原住民的議題，我思考了一下，的確沒提過這個議題，但我隨即反問他目前兩岸原住民交流有什麼問題，需要協商簽協議嗎？後來我才知道，原來他是希望陸客來台時，能去原住民部落參訪，但這不需兩岸協議，只要加強宣導，並請旅行社安排即可。至於兩岸的原住民（大陸稱少數民族）早已交流密切，相處融洽，當然更不需協議。

談判的重要性：

- 透過談判，解決紛爭，創造雙贏。
- 協商破裂，惡意相向，兩敗俱傷。

談判有很多種類，例如：

- 雙邊談判、多邊談判。
- 競爭式（零和）談判、合作式（非零和）談判。

◆一次性談判、多次性談判。

◆個人談判、團隊談判。

多邊談判是國際間的談判，目前我國的國際處境，在國際間大多僅能從事經貿性質的組織或活動，例如二〇〇二年加入世界貿易組織（WTO），一九九一年加入亞太經濟合作組織（APEC），以及目前討論很多，希望能參與並加入「泛太平洋夥伴關係」（TPP）與「區域全面經濟夥伴協定」（RCEP）。多邊談判的好處是可以解決其他談判對手的不同要求，由於協議的內容是一體適用，所以對手相互間也必須取得共識，才能達成協議，而我方則可避免個別談判的困擾。

至於兩岸談判，則屬雙邊談判，而且談判議題不如個人購物單純，常須組成談判團隊，又因不是談完一個議題就結束，而是長期性、多次性的談判，換句話說，下次還會碰面。因此，除了要有實質的談判成果外，也須顧及雙方關係的和諧，當然實質成果與維持關係，兩者要適度平衡，同時也要視議題對自己的重要性而調整。

談判的第一步是選擇議題，業務主管機關先全面盤點，有些事項性質單純，可透過溝通解決，如果此路不通，才須提出協商。當各機關列出議題清單後，陸委會予以彙整，區分輕重緩急，排列優先順序。當然對方也會有同樣的程序，只有雙方合意，才可能列入議程。目前台灣地區民意高張，要求協商議題要先向民意機關溝通報告，我認為這個程序也無妨，只要是理性的討論，能夠取得共識，也是一股談判的助力。

主場與客場

兩岸協商為了彰顯對等，輪流在台灣（台北）或大陸（北京）舉行。喜歡觀看球賽（如美國職籃NBA、美國職棒大聯盟MLB）的人都知道，比賽有主場與客場之別，通常主場球隊較熟悉場地，且支持觀眾多，所以比客隊具有優勢。同樣的道理，談判也有主場優勢。

如係在大陸舉行，場地當然是由對方安排，無論是站或坐的位置、動線安排，甚至是記者採訪或記者會等，客方總處於劣勢。此外，客隊最感困難的是前方與後方的溝通問題，事先約定暗號當然是一種方式，但談判內容複雜，尤其是兩岸協商與以金額為主的企業談判並不相同，所以還得直接溝通。然而普世皆知，在這種情況下，對方當然想盡辦法探聽你的底線。

那時大陸方面較高級的旅館（大陸稱酒店）都是官方經營，甚至是軍方經營，他們在旅館房間動了什麼手腳，我們並不清楚，所以規定談判人員不可在房內談公事，而是到較空曠的室外去談，即使必須在房間談，也要把電視或廣播聲音放大，以遮蓋談話內容。

但在台灣協商，我們的主場優勢卻打了折扣，因為總有反對人士鬧場，如果理性表達，還可作為我們的籌碼；但非理性表達，則使談判團隊既要面對對手，還要分心管家務事，導致有時寧可到客場去協商。孰優孰劣，值得反對人士深思。

「會談」與「會晤」的差別

「會談」是有議題的協商談判，有詳細縝密的規畫與準備，事前幕僚已作業多時，並有初步結論，會談後即能對外宣布結論，或簽署協議。

「會晤」則是以交換意見為主，雙方針對議題各抒己見，但是本段我不談實質內容，而是從形式安排上來觀察。

例如談判的談判桌必是長方形，中間放花，雙方團隊面對面坐，開場時雙方主談人站立握手，供媒體拍照。但是會晤不在桌前握手，而是入場見面時間握手拍照。正式入席時並不握手，而且所選的桌子形狀也不是長方形，雙方站立的位置根本握不到手。以二〇一五年五月四日朱習會為例，選的就是橢圓形長桌；二〇一五年十一月七日馬習會的長方形桌，也寬到不能從對面握手；一九九八年辜汪會晤，雙方人馬依職級對口，分坐於許多小圓桌對談。

主場與客場握手站立的位置也不一樣，依陸方的習慣，主場拍照後，主人伸出之手必是正面的，而客人則反手相握，我第一次去北京會談，事後想選一張我正面伸手的照片而不可得。當他們來台灣，我們是主場時，也就如法炮製。如果要避免這種情況，那就兩邊都安排媒體，分別向左及向右看各照一張，各有正反面。好在協商談判輪流兩地舉行，各有主客場的機會，大家也就不在意了。

兩岸協商的層級及職銜

兩岸協商的實際談判，我方是以業務主管司處長層級為主，技術細節則由科長代表，最後的拍板及簽署，則以次長為原則。陸方因為政治考量，所派主談人多僅司局級（陸方局級實即司級，而陸方的處級相當於我們的科級），有些部委（我方稱部會）以業務部門代表，但更多的是台辦主任代表，雖然也是司局級，但終究非直接主管的業務部門，儘管他們也熟悉業務，但總覺得隔了一層。有時候與兩岸關係業務不多的部委，本來沒有台辦部門，只有國際部門，但為了兩岸協商，特別在他們的本職之外，再加一個台辦的頭銜，至於簽署時的最高層級也多仍為司局級。唯一的例外是兩岸經貿合作協議（ECFA），派出商務部副部長。

陸方還有一個作法，是所有人員都掛上海協會的職稱，依其層級不同，約分為四個層次，最高的副部級稱為特邀嘉賓，司局級則稱為理事或顧問，大陸的海協會理事多達兩百人，差不多各省市台辦主任及兩岸事務相關性高的部委所屬台辦主任都是理事，少數不是理事的司局級官員則稱為顧問，司局以下處級官員則稱為海協會專家，再下層的祕書或處理事務性工作人員則稱海協會工作人員。

第三次會談於二〇〇九年四月在南京召開，我方送出的代表團名單都顯示其本職，陸方認為我方也應該比照他們的模式，給各部會人員均掛上海基會頭銜，但我堅決反對。我說對於原本就有海基會監事及顧問頭銜的人，我們當然會在本職之外加上這個頭銜（註：海基會顧問是以學者專家為主，極少上桌協商談判），但無此身分者，任意增列，會被台灣各界尤其是媒體及立委，質疑海基會究竟有多少人員，且與事實不符，因此我堅持不改，並說這是我們正式公布及送出的名單，會談在你們地盤，你們要怎麼稱呼，我們沒意見。

對方總算沒有在這個問題上繼續糾纏。但我抵達南京後，發現他們發給媒體的我方代表團名單，都在本職後自動加上海基會顧問的頭銜。

這樣的各說各話，維持到二〇一三年，那年APEC在印尼舉行，大陸的國台辦張志軍主任與陸委會王郁琦主任互稱正式官銜，王稱「張主任」，而張則稱「郁琦主委」，不知是否表示親切？但那是他們第一次見面，這種稱法表示什麼意思呢？

陸委會當時洋洋得意說這代表「互不否認」，然而大陸根本沒有主委這個職銜稱謂，舉例而言，他們的「國家發展改革委員會」首長並不稱主委，而是主任，其實一直到現在，他們從未正式稱過我方任何一位部長，因為這代表了中央的行政機關。

後來鄭立中看到我方媒體報導，就跟我說，你們不要以為互稱官銜後，兩岸關係就有任何改變。

繼續上面的話題，後來兩岸二〇一四年又協商，陸委會派了經濟處處長，他並非海基會人員，但陸方要求改用海基會顧問頭銜，那時我已離開海基會，而海基會副祕書長馬紹章曾參與二〇〇九年關於職銜的處理，他知道當初我們力爭的苦心與困難，因此表達反對立場，可是陸委會及海基會首長都妥協了。這是一個原則問題，更何況兩岸事務首長都已互稱官銜，已經向前走的成果為何又倒退，令人不解。

黑臉與白臉

本來在民主國家，有不同聲音是很正常的現象，而理性的抗議或抗爭，正可以形成談判時的「黑白臉」，對於談判形成助力。以美國為例，一九九〇年代中期，中國大陸尚未加入ＷＴＯ，美國每年是否給予最惠國待遇（Most Favored Nation, MFN），必須由行政部門提議，國會投票同意。最惠國待遇是經濟議題，但國會審查時，除了關心貿易逆差、人民幣匯率外，最常掛勾提出的就是「人權問題」，所以大陸方面對此議題也多少須有點回應。也就是美國行政部門扮演白臉，國會扮演黑臉。

雙方各飛半程的談判

松山機場一度只飛國內航線，但高鐵通車後，國內航線需求大幅下降。故近年又開放國際及兩岸航線，因其距離市區較近，可節省許多往返機場的時間。對我們的協商團隊而言，松山機場另有一個不為人知的優點，不僅是因為它鄰近市區，另一個原因是媒體記者都派駐在桃園國際機場，而松山機場幾乎沒有。正式協商會談是公開的，但事前的溝通及談判則不會先公布，因此我們常從松山來回，避開記者的追蹤採訪。但松山只飛南方的上海、杭州、福州等地，並無直飛北京的航班，所以常要求對方到南方這些地方來會談，等於是雙方路途的中間點，各飛一半，這應該也算是雙方釋出的善意。因為我曾聽巨大機械（捷安特）董事長劉金標提過，一九八〇年代，他們代工的客戶是在芝加哥，雙方約定各飛一半到夏威夷溝通協商，是互相體諒的一種善意。

協商要寫劇本

二〇〇八年，馬英九當選總統，他極力敦請江丙坤先生出任海基會董事長，五月初他誠懇地來電邀請我出任海基會副董事長兼祕書長。我過去雖在陸委會工作，但總是幕後，如今有機會站到第一線從事兩岸工作，也是一大挑戰，故而欣然應允，從此與江董事長展開工作上密切的接觸，他對我充分的信賴與授權，對內及事務性的工作多由我做決定，但對外及重大政策性事務，我會請示他，由他做睿智的判斷。

江董事長對於國家政策及國際事務的了解，常能提出高瞻遠矚的看法，他不僅視野廣闊，而且心思縝密，對於作業細節也能充分掌握。以二〇〇八年江陳第二次會談在台北召開來說，這是第一次有陳雲林會長這樣高層次的大陸代表來台協商，重責大任不在話下，作業細節更是不能馬虎，海基會全體同仁兢兢業業地籌備，擬具相當完整的方案，向江董事長簡報。他固然讚許計畫之周詳，但更提出一個觀念，必須以寫「劇本」的方式，排定程序、地點、人物、時程，詳細列出每個項目的時間、地點，參加的是哪些人、各站什麼位置，活動預計時間多久等。結果同仁依此指導原則擬定作業計畫，果然順利完成會談，這也成為往後在台舉行會談的典範。

台北的會談是首次有大陸部長級官員正式來台協商，一切維安及安排，當然極為謹慎。我們選擇圓山飯店作為會談場所，是因為其腹地大，又位於山坡上，易守難攻。儘管如此，對於會談使用的各個場地，事前都詳細檢查排演，維安單位更是謹慎，從頭到尾全部巡視一遍。

正裝或便裝

兩岸正式協商談判，衣著當然是正裝，也就是深色西裝、白襯衫、打領帶，這是尊重談判及談判對手最起碼的禮貌。同樣的，在正式會見場合，也應該著正裝。另外，非正式談判或會見的場合，一般都會事先協調著正裝或便裝，但別誤會便裝就可以隨意穿著，最簡單的方式，就是拔掉領帶。如要再輕鬆些，可以穿有色襯衫及非成套的西服，即西方人所謂的 Business Casual，但絕不是腳穿球鞋，而是只著襯衫，不打領帶。

談判傳播

媒體是現代社會重要的傳播工具，具體而言之，其功能如下：

第一，談判的過程與成果，可透過媒體向不特定對象的大眾文宣溝通，文宣的成敗，大大影響協議被接受的可能性。

第二，媒體有時也會變成談判的工具，當雙方沒有見面，或意見不合時，可透過媒體公開喊話，表達自己的期望或要求。最近的一個例子發生在二〇一六年三月，兩岸協商貨品貿易，經過十二輪以上的協商仍無定論，而台灣又正逢總統大選，政黨輪替，更增加不確定性。這時海協會陳德銘會長對媒體說，兩岸貨貿已談完了，然而台灣的記者追問經濟部鄧振中部長時，鄧卻說還沒有，雙方各說各話。

也許陳德銘想表達的是能給的都給了，無可退讓，但鄧振中則認為該要的還沒有要到，當然希望再談下去。不過台灣方面卡著政黨輪替後的政府改組，以及協議監督條例尚待立法院審議通過。事實上，貨貿想在五月以前再談已無意義，大陸也絕不會拿出底線，否則屆時立法院逐條審議，他們如何再讓？談判是各讓一步，互取所需的成套交易（package deal），否則就不叫談判。又如二〇一五年下半年起，台灣的IC封測大廠日月光想要併購矽品，事前雙方似無溝通談判或談判已破裂，日月光即採公開收購方式進行。日月光的作法就是透過媒體刊登整頁的廣告，說明它要併購的理由，矽品則未直接回應，而由高階主管聯合刊登大幅廣告，表明不願被併，雙方並沒有針對併購的方式或價錢直接交涉。這時媒體也成為兩方間接談判的工具。

第三，媒體有一個更重要的功能，是談判方透過媒體營造對自己有利的談判氛圍。例如有位大陸作者曾出版《東方談判謀略》一書，書中就舉了一個例子，說明一九八五年七月，長沙人民織布廠購買德國公司的二手設備，原先是中方未依約付款，但中方卻透過派員在德國受訓期間，應邀參與當地社團午餐活動的機會，披露陸方的困境，引起當地民眾的同情，同聲撻伐德廠，以致不但未收到違約的罰款，還降低了交易價格。當然，這個例子的背景是一九八〇年代，當時中國甫對外開放，西方人對中國人相當好奇，才有邀請共進午餐介紹中國的機會，藉機意外獲得談判利益。因為早期中國談判，常以自己正在發展為由要求降價，達到其要求的條件。

第四，有一個附帶風險的作法，是對特定媒體放出獨家消息，目的是希望獲得媒體的回報，給予正面報導，但這方式在台灣的開放社會中，往往紙包不住火，當別的媒體知道後，群起而攻的風險不可小覷。

此外，傳統的媒體比較是單向傳播，也難以進行雙向互動，但是近年網路發達，出現許多新媒體，這些媒體有些還是特定選擇的社群，彼此的互動及緊密性，更有利於快速傳播，談判者宜多深入研究應用。

用語習慣和記者會

兩岸用語習慣各說各話，卻不影響溝通友誼。有一點我不理解的是，在兩岸分裂後，究竟是哪一方改變了用語的習慣？例如我們說「道地」，大陸則說「地道」。同樣的，在協商見面稱呼時，陸方總在人名前加「尊敬的」，我方則無此習慣，連香港亦非如此。但如對方稱我方「尊敬的……」，我方總覺得不回敬，好像有點失禮。不過朱立倫在參加海峽論壇時說得最經典，雖然我嘴中未說出「尊敬的」字眼，但我內心是很尊敬你的。

兩岸在協商談判後的記者會，也大有不同。陸方的記者會通常不會由團長主持，多半由副手主持，而且其發言說明占了大半時間，記者留問時間不長，且多為其指定對象，有些甚至是事先套招，把所要講的話以問答形式表達。

我方的記者會，則多由團長親自主持，說明時間有長有短，但大多留足夠時間供記者詢問，比較沒有限定對象，目的是藉此向社會大眾說明及溝通。

以二〇一五年馬習會記者會為例，陸方習近平未露臉，而由國台辦主任張志軍主持，只簡答了幾個題目就結束。而我方則由馬總統親自主持，接受了十幾個問題。

還有一點，兩岸協商時雙方都會有一位主談人握手後開場致詞，這時會開放讓記者在場採訪或錄影，但雙方會先約定致詞時間。我方為客方時，是第二順位致詞，可是大陸的作法是時間到就撤離記者，以致我方主談人還沒講完，就有記者離場，使場面略為混亂。我方事後當然抗議，後來已有改善，但既約定時間，就不宜講太多，以免耽誤後面的流程。

後來二〇一五年十一月七日，馬習會在新加坡舉行，馬英九是第二位致詞者，又發生此種情況，我還以為是陸方搞的鬼，事後才知道是星方撤走記者，他們的說法是原定致詞為五分鐘，可是馬先生遠超過此時間。由此可知，幕僚準備的致詞稿要精算時間，也要提醒主談人嚴控時間，才能完整講完所要表達的內容。

兩岸互設經貿辦事處

根據ECFA第十一條，兩岸要在兩會架構下成立「經濟合作委員會」（簡稱經合會）。第一次的經合會於二〇一一年二月在台召開，由我和鄭立中分別擔任召集人，這個平台的主要任務在處理ECFA後續議題協商，以及落實執行ECFA協議。第二次經合會於二〇一一年一月在杭州召開，雙方開始討論互設經貿辦事機構事宜。

對於雙方互設經貿辦事處，各應有幾家、設立幾個點、派駐多少人，展開拉鋸式談判。如果各派一家、各設一個點，以大陸面積之廣闊，顯然不符我方需要。幾次討價還價，對方終於同意可以多設幾點。其實在正式核准設立辦事處前，外貿協會就已在大陸十個主要城市派駐人員，從事資料蒐集工作，只是不能正式掛牌；經過幾次協商，終於拍板定案，外貿協會終於在大陸上海等六個城市，掛牌辦事處。至於還有四處則成為辦事處之連絡處，服務台商，推廣貿易，在大陸各地辦理台灣精品展。

相對的，陸方則由機電進出口商會拔得頭籌，該商會背後實以大陸商務部為主，並有國台辦人員在內，在台北的辦事處於二〇一三年開張，隨後兩岸又分別同意開設第二家，台灣是由電機電子同業公會（簡稱電電公會）取得資格。而陸方則是海峽兩岸經貿協會（簡稱海貿會），海貿會完全由商務部主導，台北辦事處成立時，商務部副部長還專程來台主持開幕儀式。

兩岸互設經貿辦事處，只負責經貿交流事宜，而構想中的海基會與海協會互設辦事處，則是綜理所有交流事項，它所代表的意義就遠超過經貿辦事處。海基會原先計畫在二〇一二年成立辦事處，當時我們的準備工作早已啟動，包括哪些機關派人、各派多少，而事務性的工作，如尋址及裝潢、家具、設備等，均預估了時程及經費預算。可惜兩岸對於辦事處的功能尚有爭議，另一方面，雖然根據海基會的組織章程第四條可以「在大陸地區設立事務所」，但陸委會組織條例擬增訂可派人駐陸，卻未能立法完成。

雙邊關係的良窳，可由交流、協商談判及互設辦事處三個指標來衡量，前兩項都已順利推動進展中，但未能互設辦事處，顯然缺了重要的一塊。

協議監督條例

第十次兩會協商，是在二〇一四年二月底舉行，而我已於二月初離職，所以二〇一三年第九次在上海的會談，是我參與的最後一次。我離開後又會談兩次，簽了幾個協議，但重要的都還沒生效，如服務貿易協議、租稅協議等。而未來能否順利進行協商，就要看立法院正在審議中的《兩岸協議監督條例》。監督條例有幾點值得觀察，第一，應不涉兩岸關係定位，要使監督單純化；第二，與國會溝通階段應能適度公開，而非公布底線，否則對自己不利；第三，談判的基本原則，一為「取與捨」，各讓一步，互取所需；二為結果應該是一個成套交易（package），不能再個別條文審議，否則好處全拿，一點都不給對方，沒人要跟你談。第四，談判人員竟要課以刑責，對於談判人員是嚴重的汙辱，有捨才有得，捨的部分算喪權？

第五章

談判究竟是科學還是藝術

早在一九七〇年代，哈佛大學就成立談判研究團隊，他們嘗試要建立一套理論架構，其中最有名的兩個人就是費雪（Roger Fisher）及尤瑞（William Ury），他們出版了一本名著《哈佛這樣教談判力》（*Getting to yes*），中譯本於二〇〇三年出版。書中主張談判應將人與事分開，針對問題的本質來談，他們也建立一個原則，談判應著重利益，而非原則與立場，因為前者可以各自找到自己的利益，交換利益，達成協議，形成「非零和競賽」；但只重立場與原則，各自堅持，則會形成「零和競賽」，沒有人願意讓步，只會你輸我贏。我認為這是一個很好的指導原則，但較適用於商業談判，若是官方政治談判，經貿性質尚可適用，但非經貿性質則是你死我活。哈佛大學另一名教授惠勒（Michael Wheeler）則出版了《交涉的藝術》（*The Art of Negotiation*）一書，中譯本於二〇一四年出版，他認為談判的藝術成分大於科學。書中列舉各行各業各種情境的談判策略，足為借鏡參考。

我個人的看法，也是藝術成分高於科學，每一場談判情境都不相同，對手特質、雙方權力差距、時空環境都不一樣，對手實力的強弱，當然也會影響我們的策略。雞蛋碰石頭絕對非明智，弱者要發揮智慧，以理服人，見好就收；強者也不能趁勝追擊，贏者全拿，更須發揮仁者風度，考慮雙方和諧關係的維持。至於時空環境，則須了解談判籌碼並非一成不變，它會隨著不同時空發生動態變化，所謂「十年河東，十年河西」，別以為十年前的籌碼，可以永遠有效。這幾本書都是以商業談判為主，以下我將討論兩本外文書籍，了解外國人怎麼看中國式的官方談判，因為要把談判技巧應用到兩岸協商，當然須了解對手特質及談判習性。

中國式官方談判

約翰霍普金斯大學教授藍普頓（David Lampton），二〇一四年出版了一本著作《從鄧小平到習近平》（*Following the Leader: Ruling China, From Deng Xiaoping to Xi Jinping*），中譯本於二〇一五年出版，他以對兩岸三地領導人五百五十八次訪談紀錄、田野調查及相關文件作為基礎，分析鄧小平一九七八年底復出掌權以至習近平，三十多年來中國的變化，範圍包括中國的國內政治、對外關係、天災人禍、黨政軍關係及中國式談判。他的訪談對象七〇％來自中國，一九％來自台灣，一％來自香港，一〇％為其他。受訪者的級別，台灣的是中央部長級以上為多，大陸的則是中階官員五〇％，部長以上三〇％。

書中第七章名為「中國式談判」，內容相當豐富，值得深讀，我只挑選幾個與兩岸協商有關的觀點，提供參考。

第一，作者談到中國談判者常使用的工具是威脅、利誘和說服。其實所有的談判者都採用這些技巧，但巧妙各有不同。以威脅來說，許多談判者是在強勢時使用，可是中國在弱勢時則是威脅、利誘、說服併用，促使美國在一九九〇年代給予中國最惠國關稅待遇。一九九一年李鵬任總理時，他對老美說，我們的八五計畫期間（一九九一－一九九五年）將有三千五百億至四千億美元的進口，因此他相信美國會高度重視中國市場。他們當年已向波音買了二十架飛機，也向空中巴士（簡稱空巴）訂了十二架，言下之意是，他也可轉移訂單到歐洲買空巴，而波音生意對美國就業及經濟都是相當重要的項目。

第二，作者強調中國人已習於網絡和關係，以致產生許多特定的詞彙，如「關係」、「領導關係」、「業務關係」、「關係網」和「關係學」等等，他認為中國人的思維是「有機的」，他們的認知裡，思想不是直線的，而是以相互關聯和相互影響為前提。正因為他們強調關係，所以和對手談判前，要先確定對方是「老朋友」、「夥伴」還是「對手」。如果你是「老朋友」，就得多照顧中國的利益，或應該妥協；如果你是對手，則應該證明你的誠意。

第三，中國對於內部或涉外有全然不同的邏輯，外界與中國的接觸管道有限，每個互動都得經過有限的政府關卡，以專業部門的交涉為例，都得透過各機關的「外事辦」，而最後都要連結到外交部，才能決定是否同意交涉談判。

這一點對比兩岸也是如此，所有接洽都得透過各單位的「台辦」，連大學院校也設台辦。過去一些談判，如ＥＣＦＡ是商務部的台辦，核電安全協議是環保部的台辦。換言之，他們是一條鞭，台灣則是各吹各的調。

第四，中國的談判者會先做功課，充分掌握原先的談判紀錄，對於談判議題及談判對手的習性都有了解。中國的官員及談判人員都有一定的職業前程計畫經歷及培訓制度，反之，美國的政治制度因為選舉取向，人事異動往往向下深入到好幾層的官員，以致經驗無法累積，美國談判代表經常被中方的準備程度和持續性比了下去，屈居劣勢。

對比兩岸協商談判，台灣的情形也類似，官員的異動是常態，卻沒有完整的培訓歷練過程，因此，是否有相關領域的經歷以及有關機關內部溝通是否足夠，決定了談判能否順利。

第五，中國人談判常試圖分化、抹黑、恫嚇或伺機稱讚對方某一成員。記得一位工商領袖告訴我，他們組團訪陸，但會議中有一位陸方官員，神祕地把其中一位領袖拉出去談，導致大家議論紛紛，各自尋找關係，自謀出路。

他的結論是，談判的實力很重要，雖然有很多方式展示實力，例如軍事、國際政治、經濟等硬實力，或文化、藝術等軟實力，但其中以經濟實力最為重要，因為它可以轉化為其他形式的力量，值得台灣全民思考。

美前財長鮑爾森的官商談判

鮑爾森（Henry Paulson）是前美國財政部長（二〇〇六－二〇〇九），在那之前是高盛集團公司（Goldman Sachs）的執行長（一九九九－二〇〇六），他在二〇一五年出版一本巨著《與中國打交道》（*Dealing with China: An insider unmasks the new economic superpower*），目前尚無中譯本。稱之為巨著，是因內容多達四百三十頁，詳細敘述他在高盛任內與大陸官方交涉的經過，以及於財政部長任內與大陸官方談判的觀察心得，所以兼有官方與商業談判的經驗。書本寫作的方式是採用日記序時，接觸人物又多，初讀之下不易掌握重點，但再讀則可略知涵義。

第一，一九九九年，透過當時中國建設銀行行長王岐山的安排，鮑爾森第一次進入中國，與當時的副總理朱鎔基在中南海紫光閣會見。朱鎔基提到希望高盛協助中國電信民營化（大陸的用語是公司化，corporation）並在香港上市，這是朱鎔基「經濟結構改革」的重要一步，目的是使國營企業更現代化，並具競爭力。這筆生意原先是王岐山與摩根史坦利（Morgan Stanley）談的，但王岐山並不滿意，所以又找了高盛，並安排真正有權拍板定案、主管經貿的副總理朱鎔基見面。大概是鮑爾森的「簡報」（presentation）說動了朱鎔基，於是得到機會。這個經驗說明，與大陸談判要找到真正有權拍板定案的人。

第二，第二章敘述鮑爾森認為進入中國市場，必須與重要人物建立「關係」，他透過香港特首董建華參股東方廣場開發案，那是香港商人李嘉誠在北京天安門廣場附近的王府井，最熱鬧地段的一個大型購物中心開發案。因為這個案子，鮑爾森與董建華於一九九二年見到江澤民，他沒想到江澤民的觀念蠻現代的，認為中國過去沿襲蘇聯的記帳方式與西方現代會計脫節，無法真實顯示企業的財務狀況，江澤民甚至說出

「資產等於負債加股東權益」的西方會計基本觀念，顯示他在上海市委書記任內與外商接觸，對於企業現代化並不陌生。

第三，西方人對於與中國做生意打交道，體會到關係的重要。曾有學者指出，這所謂的關係並非英文的relationships所能形容、涵蓋，因為它不僅僅是認識和交往，因而發明了一個英文字「guanxi」，以顯示與中國人交涉談判時關係的重要性。這個詞的涵義只能意會，難以言傳，親身體驗就能知道，如果一定要以文字解釋，也許可以說：「經過一段時間認識交往後，所建立起來的信賴、了解、尊重與友誼，可使談判成為夥伴式的合作關係」。

第四，第四章特別提到「面子」的重要性，這就是東西方談判最大的差異，西方人較務實，東方人總覺得如果沒面子會下不了台。例如他提到一個談判案，真正深入了解案子的人，由於階級與對方「不對口」，陸方覺得對方看不起他，因而談不下去。另外一個個案是愛立信（Ericson）一九九〇年代與中國合資經營手機事業，他們的經驗是開出的價格要預留給對方殺價空間，通常在五%到七%。他還告誡年輕的談判新手，談判結束後最忌諱露出「勝利」的姿態，否則對方沒面子，下次談判就會更困難。

第五，由於大陸由計畫經濟轉型市場經濟，整個經濟體制改革，不僅制度要變動，更重要的是「觀念」，因此朱鎔基體認到訓練管理人才的重要性。朱鎔基是清華校友，他在一九八四年就成立了經營管理學院，並自任院長，但他覺得課程及教學方法尚無法與世界接軌，甚至許多教師也不了解現代市場及企業的運作，於是他請鮑爾森幫忙設計一所現代化的管理學院。鮑找了哈佛商學院、麻省理工學院與美國知名企業家，以及部分中國企業家，組成顧問委員會設計課程，也仿效哈佛的個案教學法，成立中國企業個案中心，開發中國本地的個案。個案並無對或錯，而是強調分析方法，在同儕及教師面前進行邏輯推理，接受批評挑戰，藉以培訓解決問題的分析能力及自信心。這個動作可以說達到一石二鳥的目的，一是協助朱鎔基在他的母校翻轉了現代商管教育，藉此建立兩人更深厚的友誼關係。另一個是教育這些清華未來的青壯接班人，將來協商談判時，觀念更易溝通。

官方談判

二〇〇六年七月，鮑爾森接受布希邀請，出任美國財政部部長，一下子從商人變為政府部長官員。當年九月，他以財政部部長身分第一次訪問大陸，就選了杭州，與時任浙江書記的習近平見面。選擇杭州的原因，一方面是浙江為民營企業的發源地，另一方面則是認為習近平為大陸政壇明日之星。這也向北京送出一個訊息，希望中國由計畫經濟走向市場經濟。

杭州之行還有一個更重要的任務，就是中美兩國領導人胡錦濤與布希，有意啟動雙邊的策略經濟對話（Strategic Economic Dialogue, SED），想法是專案提高財政部位階，領導財經相關部會與中國的對口單位討論雙邊經濟關係，因為原先雙邊建立的聯繫管道是低階的，必須加以協調整合，並排列優先順序，而SED的想法是統一口徑由上而下，既有長期目標，也有短期可見的成果。鮑爾森與同仁討論的結果，列出SED的三大目標：一、改善兩國關係；二、加速中國經濟改革；三、鼓勵中國開放市場，保護智財權，並加速人民幣市場化。（註：當時人民幣幣值低估，以致中國對美國累積大量貿易順差。）

第一次SED於二〇〇六年十二月十四日在人民大會堂舉行，美國代表團二十八人，包括商務部、貿易代表署、民航局、證交所等，因鮑爾森資深，且與其他部門代表或多或少認識，所以統一領軍，口徑一致，也達成若干協議。由於代表團規模龐大，層級亦高，此行還獲得胡總書記及溫總理接見，是一次成功的會談。不過後來歐巴馬把這個會談擴大為策略及經濟對話（Strategic and Economic Dialogue），把外交、國防、國家安全均納入（二〇一六年五月，美國國務院所擬戰略對話之議題，包括網路安全、人權、海上行為及南海爭議等）。美方由財政部長及國務卿領軍，中方則由汪洋副總理及國務委員楊潔篪率領，形成雙首長制。但究竟誰說了算，鮑爾森認為仍應有一個人領導，例如美方由副總統，中方由總理代表。

鮑爾森在財長任內與官方協商的經驗

鮑爾森在財長任內，與官方協商的經驗是：

中國的決策通常是由上而下，但也要取得共識，由於中國是高度集權，而且實施計畫經濟，因此必須得到最高權責人的拍板。然而共識也是重要的一環，所以不只要徵得主管部門同意，也要盡可能得到其他主管部門的支持，他的經驗是「說YES的人很少，但很多人可以說NO」（見該書頁一八五）。

他也指出中國式的溝通談判，訊息常常不是直接的，而是隱藏的，要能夠解讀其動作及文字背後的涵義。

鮑爾森離開政府後，組成鮑爾森研究所（Paulson Institute），自稱不僅是智庫（think tank），而且是思考與行動智庫（think and do tank）。二〇一四年三月，他在波士頓與金融界領袖座談，其間他分析了中國經濟情勢，許多人問他對中國經濟的看法，會不會撞牆硬著陸，金融體系是否太脆弱，房地產會不會泡沫化等。甚至有人問他，你是愛國的，為什麼幫忙中國？他的回答耐人尋味，他說他的目的是讓大陸進行有意義的經濟改革（meaningful economic reforms），包括改革經濟體制、開放市場、保護環境（註：他曾於二〇〇四至二〇〇六年擔任自然保護基金會主席，前往雲南，主張應保護生態，挽救香格里拉，見該書第八章），改善人民生活等等。而這些作為，對於美國都能產生戰略上及經濟上的效益，例如戰略上，使中國領導人體認中國的繁榮成長要靠和平的國際環境；經濟上，則使美國消費者能享受價廉的消費品；金融上，提供資金購買美國公債，形成低利率、低通膨有利的經濟循環。至於美國就業機會的流失、中產階級受害、所得分配不均等，他認為不完全是外包中國的結果，部分是因為機器人及自動化替代了人力，而這些被替代的人無法轉業到創新的產業。

他也提到智慧財產權的仿冒，確實造成美國經濟的損害，有必要加以規範。他另外提出兩個新興的電腦網路（cyberspace）問題，值得合作防範，第一個是網路作戰（Cyber War），他認為美、中及其他主要國家應協議（或可透過《日內瓦公約》，Geneva Conventions），保護重要的民生服務及基礎建設，不能影響民眾的生活（見該書頁三九〇），另一方面，也可合作共同防止恐怖分子的網路攻擊。第二個問題是透過網路，駭客入侵竊取美國企業的營業祕密，以及客戶個資，美中雙方應該開誠布公，協調解決。

最後，他提出幾個與中國打交道的原則，謹摘錄部分，以供參考：

一、幫助它們，也能幫助我們自己。

二、促使中國邁向國際標準的透明化，融入國際共同規範。

三、官方各部門應該事先協調統一口徑。

四、促使中國在國際組織中扮演更重要角色，負擔更大責任。

五、與中國打交道，應依據它們的實情（facts），而非想像或期待。

中國體制與美國完全不同，不能依我們的邏輯思考，期望它們改變得跟我們一樣，我們必須盡可能深入了解中國實情，務實地把焦點放在我們可以做的事。

中國式的商務談判

一九九〇年代中期，當時手機大廠易利信（Erisson）前往中國大陸合資開拓手機市場。高里（Pervez Ghauri）和方（Tony Fang）兩位學者，曾對參與談判的雙方高階經理三十人進行深度訪談，並撰寫論文發表，其主要觀點為：

一、與中方談判的困難：

（一）雙方過去無接觸，缺乏經驗，需要時間建立關係。

（二）資本主義與社會主義觀念的差異。

（三）中西文化的差異。

由於當時中國經濟甫在起飛階段，加上手機為新科技產品，雙方觀念的差異可以理解。如今進入二十一世紀十多年，這些差異已逐漸縮小，這也說明談判會受到時空環境的影響。

二、影響談判的三大因素：

（一）中國的國情環境

- 政治經濟上實施計畫經濟。
- 法律上正在建立架構。
- 技術上落後西方甚多。
- 行政上人治重於法治。
- 官僚體系複雜。
- 市場規模龐大。

以上因素中，部分已有改變，例如法律架構逐漸完整，由於以市場換技術，技術水準已逐漸追上先進國家，計畫經濟雖仍有五年計畫，例如二〇一六起為第十三個五年計畫，但計畫性質已由當年的指令性改為指導性。不過在中國經商，對於這些計畫仍應深入了解，因為它代表施政的重點及優先順序，只有「跟著政策走，才能順利經營」。

（二）儒家孔子文化

- 強調倫理，包括君臣、父子、夫婦、兄弟、朋友等五倫。
- 重視人際關係，講究人情、送禮，而且要注意送禮規格。
- 非常重視「同」的觀念，例如：同宗、同鄉、同學。
- 非常好面子。

（三）經由關係，建立互信。

本書頁一〇三提到藍普頓的書中，他針對中國式官方談判，就談到「和中國對手每次會談前，必會有一道儀式，也就是先交代雙方關係及歷史的特性——你是老朋友、夥伴、還是對手？」（見中譯本頁二二〇），雙方關係的性質是什麼，當然直接影響談判。

以二〇一六年台灣政黨輪替而言，中方就非常強調台灣應說明兩岸關係是什麼？否則他們認為沒有互信，根本沒有意願談。

「互信」是什麼？我認為它是長期逐漸累積建立的信賴、了解、尊重與友誼，它可以使談判成為夥伴式的合作關係。有了互信，小的分歧，雙方也不會在意，但沒有互信，雙方就會深深探索對方語言背後的涵義。互信是要靠雙方長時互動累積，如果過去長期對立不友善，或者是前後反覆無常，互信就更難建立了。

三、談判之預備動作：

（一）首先要確定找對單位，中國行政體系複雜，有時不易了解，要找對單位、找對人（有權的人），才有可能交涉。

（二）邀請中方人員現場參觀，以一九九〇年代而言，中國人出國的機會不多，能邀請他們赴國外公司實地參訪，對當事人而言是很大的誘因及禮遇。這樣的邀訪，絕對能增加雙方的友誼及互信，以後的談判當然就順利多了。

四、正式談判時：

（一）股權的分配，中方常要求過半，以彰顯主權。

（二）職務的分配，中方常要求擔任董事長，而由合資外方擔任總經理，同時，高階管理職位也有要求，例如常要求擔任財務及人資主管。

（三）中方常以市場巨大為由，交換技術，甚至要求「滾動方式」每年給予最先進技術，完全不了解外方每年要大量投入研發才有新技術，這也顯示他們當時欠缺智財權的觀念。

（四）雙方出資，中方常以有形實物出資，例如土地及現有機器設備，對外方則要求資金及無形資產如技術、管理、人員培訓及行銷技巧等。但需注意，中方的機器設備常已過時，而土地則要注意如係行政撥用而不可轉讓者，不可抵押，並無價值。

（五）中方常以他們提供了一個巨大的市場為藉口，要求降低價格及權利金。

五、談判永無結束，完成一個合約就是新一輪談判的開始。

由於中國的習慣，簽約常是原則性的，不涉及具體安排，此與西方法律觀念下的細節約定並不相同，因此在簽約以後，執行過程常常又有不同看法。以本個案而言，雙方約定由中方出任董事長，總經理由外方指派，合同中寫明中方應提供總經理西方生活條件的住宅，然而以九〇年代而言，中方最好的住宅條件仍與西方標準有所差距，於是雙方又展開拉鋸協商。所以個案的結論之一是「談判結束後是另一個談判的開始」，由此可見，協議的執行應有一個定期的檢討或協調機制，以解決雙方歧見。

作者高里分析了個案後，提出4P的管理意涵：

一、優先順序（priority）：也就是要了解中國當局施政的優先順序，而這必須由它們的計畫及政策著手，並且找到對的權威單位及官員探聽。

二、耐心（patience）：中國的決策程序往往冗長，必須等待最終決策者拍板，因此需要漫長的等待，這一點與中國有官方及商業談判經驗的人都有同感。更糟的是，如果領導換人，往往是前功盡棄，得重新來過。

三、價格（price）：中國人常以他們較貧窮、落後為藉口，再加上廣大市場誘因，要求降價，否則認為沒面子。不過這個現象在目前看來，已不成原因，比較可以融入依市場供需法則來訂價。

四、人際關係（people）：能夠透過名人關係最好，否則也要努力經營私人關係，建立互信，而接待官員國外實地參訪，也是一大誘因。

當然這個個案分析的是九〇年代末期的情況，如今進入二〇一〇年代，情況已有不同，但仍具參考價值。這類研究最難的是取得當事人的合作，尤其談判涉及雙方，各有不同的考慮、談判策略及機密，想要蒐集多個個案以歸納通則，並不容易。

我對兩岸協商的心得與經驗

綜合而言，多年來與中國大陸協商，我個人的經驗是：

一、大陸喜歡先確立原則：這點與許多外國學者（如前述的藍普頓及鮑爾森）的研究觀察相同。藍普頓思考中國式的立論，強調要先搞清楚其詞彙，如「基本原則」、「政策」、「目的」和「建議」。所謂原則是堅定不移、不打折扣的（也就是大陸官方所說的核心利益）；政策和目的可以隨環境而改變；建議則是靈活、短暫，可調整的（見中譯本頁二三三）。而我的體會是大陸簽定原則後，他們就想掌握解釋權，這就是為何一九九一年我們堅持不同意在文書驗證等協議，加上一個中國原則的前言。

二、預留拍板定案的空間，下黑上白：決策拍板的人退居二線，且對外談話絕不碰觸具體問題，而是充滿善意地扮演白臉；實際上桌談判的人則是寸土必爭，扮演黑臉，也就是「下黑上白」。不僅決策階層如此，實際談判團隊亦如此，各部委的專業主管常不鬆口，直到主談人出現才打圓場。足見他們的談判團隊，事先已有準備演練。相對而言，我方的準備較為不足，主談人甚至臨上桌才拿到主管機關的方案。

三、兩岸協商，大陸還是政治掛帥：陸客中轉就是典型的例子。旅客中轉是全球航空運輸慣例，二〇〇九年四月簽署的《海峽兩岸空運補充協議》第四條明定「參照航空運輸慣例……辦理，……相互提供便利」，但大陸則以政治理由否決，因為陸客來台並非持護照出境，而是特別的「大陸居民往來台灣通行證」，這就限制了他們只能搭乘往來兩岸的航線。我從二〇一〇年起屢次提出此議題，始終未獲回應。

事實上，大陸每年出國人數已逾一億人，其中二、三線城市，不少旅客是轉機，華航的主管曾告訴我，紐約有不少福州、福清、長樂人，經常往返紐約及福州，而華航正好可在台北銜接，卻做不到這筆生意。直到二〇一六年二月，大陸終於開放昆明、重慶、南昌為試點，但這幾個航點，國籍航空公司班機有限，其效果當然大打折扣。

四、事先備妥充足資料，便於交涉協商：航空公司在商言商，開闢新航點、航線之後，當然要看業績，如果客源不足，他們當然想換航點。我方業者最先提出這個要求時，對方竟然否絕，認為航班是依據該航點分配的，如果停飛，就等於自動減班。可是在協議中好像沒有這樣的條款，後來再一查，對方的航空業者也曾換過航點，終獲對方點頭。這也顯示主管單位要事先備妥充分的資訊，才便於交涉協商。

五、大陸常要求空中航線穿越台灣海峽，截彎取直：對台灣而言，這就不是單純的飛航經濟問題了，它涉及國防，更麻煩的是意識形態。不過如果反過來看，大陸內陸的航線，也沒有截彎取直，西安飛台北，並非直接東飛，而是往北再折南；同樣的，南昌往台北也是如此，據了解也是直線之下有軍事設施。如果大陸本身都有顧慮，如何要求台灣開放穿越海峽的航線？但是我在談判桌上從未以此理由挑戰對方，因為如果他們答應截彎取直，台灣方面反對人士的意識型態，並不容易克服，不會同意開放穿越海峽的航線。

台商交涉談判應注意事項

以下談談協助台商處理相關糾紛爭議案件的幾個心得，在談判階段就要做足功課，預防糾紛。

一、過去很長一段時間，中國當局對各地方政府領導的考核，常以GDP成長及招商多寡為依據，導致地方領導使出渾身解數，提供各種優惠及承諾。這些承諾最好要有第三者見證或公證，否則時過境遷或領導換人，往往就宣告作廢，而其上級政府也力有未逮。曾有一個案例是縣級領導換人，副省長竟然也無法指揮，導致台商進退失據。

二、無論是獨資購買土地使用權，或由合資方提供土地，均應有中央國土資源部的國土證，才有保障及抵押權。即使如此，也曾有台商與地方政府成立的開發公司簽約購地，繳了錢，卻因地方政府獲得中央核給的土地指標（意指每年可提供出讓的土地）不夠，而未能順利取得國土證，困擾不已。

三、大陸的土地區分為有償取得及無償撥用，前者係向國土資源部繳交使用權費用，取得國土證，但地方政府鄉鎮企業及部分國營企業的土地，是無償撥用。早期台商並不清楚兩者有何區別，二〇〇六年國民黨曾與陸方中共中央台辦召開台商權益保障座談會，我們曾建議以一九九六年畫線，之前取得的應准予就地合法，但陸方以個案不同，無法通案處理，但在他們協助下的確有些個案獲得解決，足見他們對台商權益的重視。

四、土地的徵收，常常沒有一致的標準，有些地方財政不足，無法支付徵收費用，台商只能自求多福。近年來，由於中國經濟快速成長，資金寬鬆，土地價值飆漲，台商以在台灣經驗，認為應該可以自行處理土地，然而依大陸體制並非如此，有些規定工業區土地必須先繳回，而各地處理方式也不相同。最近有些從事製造業的台商遭遇經營困難，倒是在土地上賺了一票，但有些就沒這麼幸運了。

五、台商交涉談判，應找對權責的單位與官員。前面說過大陸有些不肖分子，隨意誇大吹噓，不能盡信他的名片和頭銜。十年前大陸許多城市，圍牆上噴了手機號碼，旁邊寫著「辦證」，起先我不解其意，經人說明，才知這些集團什麼證件學歷都能偽造，更常有人誇口擁有資金及權力。一位台辦的領導處理台商糾紛多了，歸納出所謂的「三拍」：

第一拍是拍胸脯，保證包在我身上，什麼都能搞定。這個時候必須多方查證，舉例來說，大陸企業涉外務須經核准，曾有大陸鰻魚商包下台商擬外銷日本的訂單，後來發現他根本沒有外銷權，結果這位台商當然無法取得貨源，被日商控告違約。大陸的法律很奇怪，這種情況不怪陸商違約，而因其無外銷權，以致所簽合同無效，即主體不對合同無效，台商只能自認倒楣。

第二拍是拍腦袋，「我有說過嗎？」假裝失憶來否認他說過的話，不像台灣商人常常口頭約定，誠信交易，因此在大陸還是要有書面合同，才能保障自己的權益。

第三拍是拍拍屁股走人，事情無法解決，就一走了之，以致求償無門。

綜合以上，事前的徵信和預防相當重要，合約要請專業顧問、會計師、律師看過，有時甚至要法院公證，花點小錢，避免大虧。

六、五險一金及互免社保協議。大陸的經商環境已逐漸法制化，但仍有些地方在許多事項，可以靠交涉談判來解決，最常見的就是社保。大陸的社保就是五險一金，五險包括養老保險、醫療保險、失業保險、工傷保險、生育保險；一金則是指住房公積金。社保的繳交比率，各地不完全一致，但都相當高，有些高達五〇％，對企業造成沉重的負擔，對員工也是一筆支出，外地來打工的人更不願繳納，於是有的地方政府允許以談判方式，決定須納保人數及保費計算基數。二〇一六年初，由於大陸經濟成長減緩，官方放出調降社保比率，減輕企業負擔之議，但其成效仍有待觀察。

其實對台商幹部而言，他們苦惱的是兩岸都要繳保費，台灣要繳勞保及健保，大陸則要扣社保，但多數台商根本享受不到社保，小病就服用台灣備去的成藥或健保藥，大病就回台醫治，養老更是不會等到那個年齡。所以我曾提出互免社保的想法，或至少允許當事人選擇要不要參加對方的保險，可惜未能啟動協商，若能談成，台商幹部當可受惠。至於陸企在台人員，他們很可能自願要加入台灣的健保，這遠比在大陸看病便宜且方便多了。

七、台商如果有台灣母公司與大陸子公司的交易，則涉及關係企業的「移轉價格」，因為移轉價格訂高了，大陸公司的利潤就減少，這是全世界的跨國公司都碰到的問題。早期台商可透過談判決定移轉價格，不過後來大陸的稅務機關訂有法規（參見《跨國移轉訂價策略及風險管理》一書），對於符合一定條件的企業可以預先訂價，減少未來的不確定性。

另外與稅務有關的是公司所得稅，當地方政府財政不足時，常動腦筋與台商談判納稅額度。這對於依法誠實納稅的台商並不公平，台灣已經與許多國家簽定租稅協議，避免重複課稅，二〇一五年兩岸曾簽署避免雙重課稅協議，可惜還卡在立法院。

八、大陸對於文化及傳媒非常敏感，台灣的報紙、雜誌很難獲得入境許可，而電視更是不允許落地。在新媒體方面，line、google、gmail 及 facebook 也都不被允許，所以人進大陸，台灣的資訊就被隔絕了，也因為如此，一些有媒體功能的電商（電子商務）也不被允許。此外，台商在大陸的製造業產品算是 Made in China，但是台商在大陸的文創產品則不算，要經過層層審批，期間長達六個月。二〇一三年草簽的服務貿易協議曾同意縮短為兩個月，但立法院卡關，無法生效。

九、台商如果採合資經營，應注意下列事項：

（一）慎擇對象，了解對方的信譽、風評，別以為對方是大型國企就沒問題，事實上，許多台商與一家名為「海×航空」的國企合資，經常發生不愉快經驗。

（二）合資合同，要確定雙方董事人數、董事會召開表決方式及權責。

（三）資金到位日期，如在匯率波動劇烈時，也要註明匯率。另增資時雙方的義務，以及無法配合時的處理方式。

（四）各主管不在位時，職務代理順序。

（五）公司重要圖章保管權責及核可程序。

（六）仲裁條款，包括仲裁機構及地點。

官商談判比較

根據以上一些外國學者專家的觀察，以及個人從事兩岸事務近三十年的心得，將與中國官商談判的異同列表比較如下頁。

表 2 官商談判比較表

	官方談判	商業談判
對象	找對單位	找對人
種類	立場式、利益式 團隊 多次	利益式 個人或團隊 一次或多次
氛圍	很重要	善意
態度	嚴肅	輕鬆自在
保密	保密	要注意
關係	互信	重要
面子	重要	普通
場所布置	高規格，講究場所布置	不講究
權力差距	只把美國看在眼裡 （習出訪，只跟歐巴馬聯合記者會）	是否對等，要視實力
策略	同右，並以弱者自居 （例如：開發中國家、貧窮落後）	以市場換技術
戰術	必須切入主題	可採沉默策略
彈性	授權範圍內。拍板過程繁複、費時，一經核定，無法變更	臨場反應
時間壓力	較少	較大
環境影響	政治、國際地緣	商業、法規、政策
對手組織	團隊紀律較嚴密	較鬆散

商業談判

關於商業談判，如係公司採購原料、零配件或產品之經銷，可能是團隊談判，而且是多次談判，也就是說下次還會碰面談判，因此重點不僅要求談判成果，同時也要注意維持雙方和諧友好的關係，不以一次結果論英雄，而要考慮長遠的利益。

談判雙方實力或權力的差距，也決定雙方出席談判階層是否對等；此外，大陸企業常以市場規模巨大來交換技術，於是許多原本可以貿易進行的商業行為，變成必須投資並帶去技術，包括電子業、美國的 Intel，以及德國汽車業的 VW、Benz 等。而商業談判為了爭取商機及時效，時間壓力較大，但也不能為此失去耐心，犧牲權益。

商業談判有時也受到法規及政策的影響，例如最近許多併購案談判，涉及公平交易法、反壟斷法規；也有一些是基於國家安全而訂定的限制。至於談判對手組織嚴密程度，也會影響談判的進行，通常兩方公司團隊的談判較嚴密，但勞資談判，因勞方組織較鬆散，工會領袖並無絕對的權威，常因此不願讓步，所以比較難談。

至於個人的商業談判，情況又不相同，以購置房產為例，這一生也許就只有這次交易談判，並沒有未來利益可以交換，可能也無維繫關係的必要，這時候很可能變成

「零和競賽」，談判者也許可以擴大議題，例如付款條件、交屋時間等來互相交換。而個人談判還有一個特別的戰術，就是「沉默」，不直接回應對方的開價，沉默以對，以面部表情、肢體動作來打心理戰，往往也能獲得不錯的效果。二〇一五年一部電影《翻轉幸福》（*Joy*），女主角就用這招與對手談專利授權糾紛，讓學習談判的人看了會心一笑。可是這一招在官方談判或團隊談判時，就可能用不上了。

官方談判

官方談判，首重談判的氛圍，雙方必須釋出善意，擱置爭議，顯現務實態度，才能啟動談判。其次，雙方都是組織嚴密的團隊，而且會是延續性的多次談判，下次還會見面，因此維持和諧的關係相當重要。以兩岸協商而言，二〇〇八年六月第一次江陳會談時，雙方已確立談判議題的選擇以「先易後難，先經後政，先急後緩」為原則，因為這類議題性質比較偏向利益式，所以可以「互補雙贏」原則來談，但隨著議題由易入難，談判模式漸由利益式談判觸及立場和原則，雙方就必須更有耐心，擱置爭議。

台北及北京當局對兩岸的重視程度並不相同，北京地大人多，所須處理的內部問題不少，也由於其大國地位，國際關係為其施政重點，只要看二〇一五年習總書記多次出訪的所謂「大國外交」即可得知，台灣問題並非其施政優先項目。另因它是黨政高度中央集權的運作方式，所以兩岸談判的決策程序冗長緩慢，一旦拍板定案，上桌談判，彈性就很小。

反過來說，兩岸在台北當局的施政中，占相當重要的比例，此點可從媒體經常大幅報導兩岸新聞獲得印證，因此兩岸議題都會經過縝密的程序，進行分析、討論、辯論，以至高層拍板定案。如果談判桌上發生一些變數，也能很快再決策定案。

官方談判還有一個重要的變數，就是環境因素的影響，例如二〇一〇年兩岸談ECFA，一個外來的動力就是東協加一（中國）的自貿區在那年生效，所以我們急著商談「架構協議」及「早收清單」，並非一步到位的自貿協議。但是急歸急，我們還是爭取到部分急迫項目的免稅，發揮了相當功能。有人誤導說這些免稅是圖利財團，但實則農漁業及車輛零件的中小企業均有受益，而且受益的不僅是老闆，更重要的是包括他們員工的就業。再以二〇一三年台日釣魚台海域的漁權協議，大家心照不宣的是日本與中國交惡，藉此拉攏台灣。這種國際地緣政治對於談判的影響，多得不勝枚舉。

談判的戰略與戰術

從戰略層次來看談判

從戰略層次來看談判，可以討論的內容包括：

一、要不要「談」，對於己方沒有興趣或沒有利益的議題，其實連談都不要談。舉例而言，如前所提及陸方希望開放穿越台灣海峽中線的航路，這與我方基本立場不符，我方當然不願談。又如二〇一五年十二月，台北市政府及議員要求視察軍方國防大學的復興崗，希望釋出一半校地，軍方當然沒有必要配合。另外，前述哈佛教授惠勒書中四十一頁提及一個案例，西班牙航空公司一向採用空中巴士，但某次採購卻要求波音公司報價，波音內部討論認為成交機會不大，不必報價，然而禁不起西航的要求，還是提出報價，結果損龜，使波音懊惱不已，根本不必去談這筆生意。

二、分析雙方實力及籌碼對比，以一九八〇年代台美貿易順差及智財權談判為例，我方對美順差龐大，又占我出口一半，美方祭出三〇一條款，當時我曾開玩笑地說，這是口袋空空，沒有籌碼上桌談判，只能少輸為贏。在一個只講實力及利益的國際場合，雙方的實力對比，當然決定了談判的強勢或弱勢。

三、談判成果（Result, 簡稱R）及維繫和諧（Partner, 簡稱P），兩者孰輕孰重，把這兩個因素畫成垂直交叉的兩軸，可分為四個象限，如果R與P都重要，要採雙贏策略，兩岸迄今的談判多屬此類；如果R比P重要，則求勝利；如果P比R重要，則此次先讓；如果兩者都不重要，其實可以不談。

四、盡量追求利益式的談判，而避免立場式、原則式的談判，這就需要耐心，設身處地為對方思考其利益。

五、談不成有什麼機會成本？可想而知，機會成本或損失愈大者，愈應努力達成協議。然而以兩岸協議而言，從國際大格局來看，貨貿及服貿協議談不成，我方邊緣化的機會是會增加的，可惜兩岸議題在台灣沒有什麼理性討論的空間。

六、雙方目標的優先順序，我們不僅要知己也要知彼，知己是寧可放棄較次要的目標，爭取優先的目標；知彼則可設計議題的先後，來交換彼此的目標。

從戰術層次來看談判

一、選擇有利的談判時機及地點。
二、組成談判團隊，事先演練並適當分工。
三、談判是給與取（give and take）的藝術，臨場要決定何時該給，一次讓足或切臘腸，或跳躍式讓步。
四、適時決定收兵，見好就收，或長期抗戰。

總之，談判是一個複雜的課題，藝術成分大於科學，運用之妙，存乎一心。戰略思考及戰術選擇，都因個案而異。把兩岸問題放到談判架構來看，雙方的實力與籌碼決定了戰略，由此衍生來看國際的大環境，我們要了解中國大陸的進步與市場開放，不會因為我們不跟他往來而停止。他們積極與他國洽談自貿區，目前已經與東協、澳洲、韓國等十一國簽署自貿協定，並主導包括東協及周邊六國之區域全面經濟夥伴協定（RCEP），結合東南亞，配合它的「一帶一路」（絲綢之路經濟帶，以及海上絲綢之路），加上主導成立亞洲基礎建設銀行（簡稱亞投行）體系。

不是長他人之志氣，事實上大陸快速成長崛起，國際影響力日增，一些反對人士就認為對我們是威脅，但是誇大兩岸紅利或威脅都是不對的。自由市場的精神是競爭，但競爭並不必然是零和的，如何使「機會最大化，威脅最小化」，是全民應該發揮智慧思考的戰略問題。總之，台灣是較小的一方，與中國大陸打交道，戰略應該重於戰術。

第六章

投資

台商外移

企業外移或稱台商出外投資，始於一九八〇年代末期。因為一九八七年政治解嚴，開放報禁、黨禁，環保及勞工運動展開，同時土地及工資飆漲，全民又瘋股市及六合彩，造成勞工短缺；另一方面經濟解嚴，解除外匯管制，台幣開始大幅升值，由一美元兌四十元台幣，一度狂升到一比二十六。雙重作用的結果，使得勞力密集的出口企業無法在台灣生存，必須外移。初期政府雖於一九八七年底開放大陸探親，但並未開放赴大陸商業投資，而政府當時又強調南向政策，也就是希望台商外移到東南亞，然而與東南亞國家社會文化差異大、語言不通，外移中小企業又無力聘請專業律師和會計師，以致成功者不多。二〇一六年，民進黨政府又推「新南向政策」，可是以二〇一五年為例，台灣對東協的出口衰退，比出口大陸衰退還多，而且政府重TPP輕RCEP，TPP在東協僅四國，RCEP是東協全部十國，如果兩岸關係沒弄好，RCEP難度將更大，勢必影響新南向政策。

一九八九年六月四日，中國大陸發生天安門事件，大陸當局對於學生民運採取高壓手段，引起西方世界一片譁然，各國政府及企業對大陸採經濟手段抵制投資。這時大陸又缺外匯，提出極大優惠誘因吸引台商，於是一九九〇年初期開始有較大量的台商前往大陸。不過嚴格說來，這些多屬偷跑行為，政府是在一九九二年兩岸條例通過後，依據該條例於一九九三年訂定赴大陸投資許可辦法，才正式合法開放，那時才開始有大型上市公司申請經濟部投審會許可前去投資。根據兩岸官方統計，一九九六年以後，投資的家數及金額均快速增加。

台商出外投資，基本上是台灣經濟實力的延伸，在國際企業中對外投資有一個「折衷理論」，稱之為ＯＬＩ（Ownership advantage, Location, Internalization），其中第一項就是廠商專屬優勢，因為投資者比起地主國的同業具有比較優勢，也因此才能延伸它的實力。

台商出外投資經商，本是市場法則的商業行為，但一碰到兩岸就有不同的意見，包括「錢進大陸，債留台灣」、「淘空台灣資金」等，許多企業界人士抱怨，把他們綁手綁腳留在台灣，如何在國際市場競爭？截至二〇一五年底，我方統計台商赴大陸投資共四萬一千六百八十六件、金額一千五百四十九億美元；但陸方統計則為九萬五千二百九十八件，實際投資金額為六百二十六．九億美元，差距頗大。這當然與台商申報方式，以及是否透過第三地有關。根據一般的看法，投資總金額應約兩千億美元之譜。由表3可以看出，台商投資大陸的高峰是在二〇一〇至二〇一一年，如今已逐漸降溫。

台商權益保障座談會

正如前述，我們定位台商是台灣經濟實力的延伸，對台灣經濟及台商企業是雙贏的，所以我們非常關心台商投資權益的保障，即使國民黨在野仍透過國共平台，督促大陸有關單位注意保護。

二〇〇五年四月連胡會後，江丙坤副主席即積極推動

表3 台商投資大陸統計表

單位：億美元

期間	台資赴陸			
	經濟部核准 *		大陸對外公布	
	件數	金額	項目	實際金額
2008	643	106.9	2,360	19.0
2009	590	71.4	2,555	18.8
2010	914	146.2	3,072	24.8
2011	887	143.8	2,639	21.8
2012	636	127.9	2,229	28.5
2013	554	91.9	2,017	20.9
2014	497	102.8	2,318	20.2
2015	427	109.6	2,962	15.4
歷年累計	41,686	1,549.2	95,298	626.9

*以上數字含補辦許可登記案件

資料來源：經濟部投審會、大陸商務部

此事，於二〇〇五年八月成立國民黨台商服務中心。我們透過平常熟識的台商會長蒐集資料，我並奉命帶了幾位同仁實際走訪長江三角洲（簡稱長三角）一帶，了解台商經營的問題，彙整意見後，由江丙坤率領一個代表團前往協商。我們抵達北京時，曾在中南海紫光閣會見國務委員唐家璇（主管對台及外交），隨後在釣魚台賓館與中台辦李炳才、鄭立中兩位副主任率領各部委代表，面對面座談，解決問題。其中較重要的內容包括：

一、建議國家開發銀行（簡稱國開行）提供政策性台商中小企業專案融資。
二、全面檢討台商與各地方政府簽訂的土地出讓合同，早期地方政府逾越權限的作法，不能歸責於台商。
三、加強台商人身安全及人權保障。
四、台商子女就學問題，透過各地台辦協調重點學校提供台生名額。
五、加速進出口通關便捷化。
六、企業廢料准予就地銷毀，不必復運出境。
七、開放各地仲裁委員會，增設台籍仲裁員。

後來專案融資，除了國家開發銀行（簡稱國開行）外，又增加華夏銀行。而更重要的是，大陸各地仲裁委員會並無台籍仲裁員，台商總覺得會影響仲裁的公平性，經過我們交涉後，許多台灣專業人士才開始被納為仲裁員。

這類座談會於二〇〇五至二〇〇七年召開過三次，成效良好，二〇〇八年國民黨執政，此項工作回歸海基會正常處理。（註：一九九九至二〇〇八年，海基會與海協會的聯繫是中斷的，海基會去函海協會，猶如石沉大海，毫無回應。）

此外，為了推動產業標準化，江丙坤也結合業者成立「華聚產業共同標準推動基金會」，目的在推動兩岸產業共同標準，於二〇〇五年七月第一次在北京召開，一直延續至今，最主要的想法是不要被其他國家壟斷，而且某些標準也不見得適用於兩岸。

五年一循環的兩岸經貿政策

隨著一九八七年開放探親，以及一九九二年兩岸條例通過，兩岸的經貿政策逐漸放寬。赴大陸投資的許可辦法於一九九三年三月公布，貿易許可辦法也於同年公布。當然貿易早已起跑，只是形式上要香港轉口，而出口報單目的地也是香港，後來逐漸放寬，可以直接填寫大陸為目的地。一九九四年蕭萬長接任陸委會主委，更提出兩岸關係發展以經貿為主軸的政策，換句話說，一九九〇年代初期隨著開放，兩岸經貿逐漸加溫。

戒急用忍

一九九五及一九九六總統大選之前，中國對台試射飛彈，李登輝總統因而深表不滿，在他一九九六年五月就職第一任民選總統後，為了限制台商大量西進，於一九九六年九月十四日在全國工業總會（工總）的經營者大會上，鄭重宣布對大陸投資要「戒急用忍」，對於赴大陸投資踩了剎車。儘管該政策對中小企業影響不大，但企業家心裡對於赴大陸投資總存有陰影。

「戒急用忍」這四個字的出處，是英法聯軍進攻北京時，清朝咸豐皇帝逃難到河北承德避暑山莊，在皇上寢宮煙波致爽殿寫下的，也有人說這四個字最早是康熙贈給雍正的，但不論是哪一位皇帝，大概都沒想到在一個半世紀之後，這四個字會成為李登輝兩岸政策的指導方針。二〇一五年七月三十日，我原本有機會造訪避暑山莊，但遺憾的是當天大雨，行程匆忙，未能親眼目睹。

李登輝宣布戒急用忍後，經濟部隨即據以訂出限制辦法，內容如下：

一、高科技。

二、五千萬美元以上。

三、基礎建設。

以上三種投資應對大陸「戒急用忍」，以免台灣喪失研發優勢，以及資金過度失血。

限制高科技及基礎建設的投資，當時影響最大的是台塑集團。王永慶本已與大陸談妥在福建漳州興建電廠，原計畫由台塑、南亞、台化等集團內主要公司為主要投資者，但因戒急用忍而受阻。當時政府下達三大通牒，包括停止台塑股票交易、下令相關銀行凍結台塑集團資金、限制台塑集團高層主管出境等三大禁令。台塑企業為求生存，只得忍痛放棄投資，但因發電設備已訂購，只好改由美國台塑及其個人投資。在二〇〇〇年中期，由於大陸經濟成長，缺電嚴重，漳州電廠還產生不小的效益。

然而這個政策的提出，可以說是兩岸經貿政策的大轉彎，原先一九九四年十二月十五日蕭萬長接任陸委會主委時，他所提的政策是兩岸交流「以經貿為主軸」，因為蕭是經貿系統出身，曾任經濟部及經建會首長，他以務實的態度看待兩岸經貿，後來更主張開放兩岸，建設台灣成為「亞太營運中心」。企業界在這樣的政策宣示下，紛紛進行進軍大陸的中長期規畫，可是時隔不到兩年，政策就大轉彎。一位食品界大老就抱怨說，他遵循政府法規，在正式開放後，才循程序合法申請赴陸投資，結果失去先機，別人已有先占優勢（企管學界有 First Mover Advantage 的理論）；如今剛開始規畫，又要戒急用忍，深覺無法適從。

二〇〇八年之後，海基會江董事長應邀參加結婚典禮，致詞時常開玩笑地勸新人絕不能戒急用忍，而要早生貴子，引起來賓哄堂大笑。

二〇〇〇年五月民進黨執政，同年十月宣布停建核四，政策的不確定，導致國內外投資均告衰退。到了二〇〇一年，國際經濟景氣下滑，那年的經濟成長（GDP）竟然是負一．六五%，是有史以來第一次出現負成長。為了挽救經濟，扁政府組織一個跨黨派的「經濟發展諮詢委員會」（簡稱經發會），其下設了一些專業的組別，包括產業、金融業，但鑑於兩岸經貿對台灣經濟影響頗鉅，故又設了一個兩岸組，召集產官學各界密集討論，結論是應該將「戒急用忍」政策改為「積極開放、有效管理」，相關作法如下：

一、委請由產、官、學界組成之專案小組，定期檢討放寬大陸投資產業及產品項目。
二、放寬大陸投資資金限制，並建立風險管理機制。
三、完善大陸投資財務報表查核機制，加強資訊透明化。
四、在建立相關配套措施及保障投資安全前提下，開放企業赴大陸直接投資。
五、配合大陸投資政策調整，准許未經核准赴大陸投資廠商補報備登記。
六、強化大陸台商產業輔導體系，積極協助台商降低投資風險。
七、推動簽署兩岸投資保障協定及兩岸租稅協定。
八、健全資金回流機制。

這些作法看來都是放寬赴大陸的投資，包括產業、產品項目、投資金額等，並准許未經核准者補報備登記。從一九九六年的緊縮到二〇〇一年的開放，正好是五年。儘管經發會結論是要開放，但實際上僅有小幅開放，經發會等於只虛晃一招。這種勞師動眾的會議，能有成效的實在不多，什麼全國××會議，開了一堆，只是白花錢而已。管理學早有定論：「開大會決定小事情，開小會才是決定大事情。」

但是到了二〇〇六年，也許是受二〇〇五年兩岸緊張情勢（見連胡會）影響，沒有經過二〇〇一年經發會的討論程序，陳水扁總統突然於元旦祝詞中，逕將原來積極開放的兩岸經貿政策，修改為「積極管理，有效開放」。與二〇〇一年宣示的政策，同樣的八個字，卻玩文字遊戲重新排列組合，變成由「鬆」趨「緊」，也正好同樣是五年，形成五年一循環的經貿政策。二〇〇一年政策的重點在「開放」，二〇〇六年的重點卻改為「管理」。

台商投資喜歡「較規範」的地點

第三次江陳會談是二〇〇九年四月在南京舉行，會議之後，為表達政府對台商的關心，並促使大陸地方政府重視台商，協助解決經營問題，所以安排參訪從南京到上海沿途經過的代表性台商。

南京往上海途中，路經揚州、蘇州，參觀寶成製鞋、永豐餘光電、大潤發物流中心、南亞電子、捷安特公司等，可以看出傳統製造業、高科技電子及服務業，均已在長江三角洲落戶，長三角的發展雖然沒有珠三角早，但「後發先至」，不但產業的層次及規模均較大，而且台商也稱「較為規範」，意指法規明確，依法執行，意外較少，可以減少經營的不確定性。我們一行沿途也會見當地省市書記及省市長，反映台商的意見，總算圓滿完成任務。

不過後來的協商，因為對方在台灣的參訪行程常遭遇不理性的抗爭，為了單純化，兩會討論後，同意協商與參訪分開，協商僅包含路程的三天兩夜，任務完成即握手告別，一直延續到現在。

一個更特別的情況是海協會會長來台，搭乘高鐵卻不能乘坐商務艙，因為高鐵商務艙是安排在第六節，而任何人都可前後走動，為免抗議或閒雜人等干擾，只好包下第一節車廂，或至少是前半節，以避免尷尬。

產業不只要合作，更要分工

二〇一一年我方經濟部與陸方發展及改革委員會（簡稱發改委）和商務部人馬，在新竹召開兩岸產業合作論壇，我和鄭立中分別受邀致詞，我在致詞時強調，兩岸產業合作固然重要，但更重要的是要產業分工，否則重複投資、產能過剩、惡性競爭，將導致兩敗俱傷。我這麼說，是因為我方已在面板產業投入大量資源，而陸方也一直派員來台大量採購，這是兩岸互補互利的展現。可是後來大陸也大舉投入面板產業，導致產能過剩，價格狂跌。因此，如何協調分工，是一項重要課題。兩人致詞結束後，鄭跟我說，不要講到競爭、兩敗俱傷那麼嚴重的話，可是那是事實，後來陸方官員也有同樣的感覺。

後來出現「紅色供應鏈」一詞，形容更到位，陸方可以推說市場行為，但它們目前並未完全市場經濟，政府發改委及有關部門仍扮演相當重要角色，更何況這麼大的投資，背後應該有官方的影子，但願兩岸真能發揮一家人的精神，共同規畫合作。

策略聯盟與供應鏈合作

產業供應鏈的合作，是屬於生產面的合作，另一個可以合作的領域，就是行銷。包括共創品牌，共建通往世界市場的行銷通路，這些都屬於企管學探討的策略聯盟（Strategic Alliance），也就是通稱的戰略夥伴。

另一種更緊密的夥伴關係，就是涉及資本的合作，包括相互入股，這可以使夥伴關係更為長期穩定。供應鏈買方可在研發階段即參與設計，供需雙方可由原廠設備製造（Original Equipment Manufacture, OEM），進步到原廠設計製造（Original Design Manufacture, ODM），甚至原廠品牌製造（Original Brand Manufacture, OBM）。買方向供方購買，也相當於是部分購買自己的產品，因而買方不必再重複投資，也不會發生產能過剩、惡性競爭，達到互補雙贏的結果。以面板業為例，如果前幾年我們開放陸資入股，則大陸不必另建新廠；如今造成新廠投產，供給過剩。最近大陸又將由政府投入一千兩百億人民幣基金發展ＩＣ，而二〇一六年三月下旬，湖北也要投資ＤＲＡＭ，恐怕又將重蹈覆轍。兩岸政府及產業界應深入探討，建立適當規範，保障雙方權益。

前述大陸政府以國家力量投入發展產業，有人稱之為「國家隊」，這在市場經濟體制國家並不多見。雖然大陸在經濟改革開放後，逐漸邁向市場經濟，但官方計畫經濟仍有相當影響力，如何維繫兩岸經貿合作紐帶，值得陸方細細思考。

六十二號文與二十五號文

早期大陸各地方政府為了招商，祭出各種優惠，包括租稅減免，如三免兩減（三年免所得稅，兩年所得稅減半徵收），或財政返還（即政府年終財政餘裕時，退還企業之前已繳交的稅捐），或協助低價取得土地，或降低投保社會保險員工人數等。這些作法，很多已超過中央政府的規定。為了整治各種亂象，大陸國務院於二〇一四年十一月發布《關於清理規範稅收等優惠政策的通知》（國發〔二〇一四〕六十二號文，以下簡稱六十二號文），其中要求：

一、稅收優惠政策部分：指專門稅收法律法規規定外，各地區或各部門自行制定之稅收優惠政策。例如深圳將個人所得稅率由三五%降至二〇%。

二、非稅收部分：包括減免或緩徵行政事業性收費、政府性基金、社會保險費，以及優惠的土地出讓或國有資產轉讓價格等。

三、財政支出補貼部分：包括與企業繳納稅收或非稅收入掛鉤的財政支出優惠政策，包括先徵後返、列收列支、財政獎勵或補貼、以代繳或給予補貼等形式減免土地出讓收入、代企業承擔社會保險繳費等經營成本、給予電價水價優惠，或對地方級財政收入全留或增量返還等部分。

此項規定一出，引起台商一片譁然，因為企業投資時，已將這些優惠計入成本減項，一旦取消，成本必然大增，造成企業經營的不確定性。因此台商們紛紛透過許多管道，包括台企聯、國共兩黨平台、海基會及經濟部等，要求對已承諾的優惠，仍應兌現。

國民黨主席朱立倫也利用二〇一五年五月二日兩岸經貿文化論壇機會，當面向政協主席俞政聲要求，針對各地方政府對台商已承諾的優惠，一定要予以保障。隨後五月四日與習總書記會晤，也表達了相同看法。

國務院最終於二〇一五年五月十日發布《關於稅收等優惠政策相關事項的通知》（國發〔二〇一五〕二十五號文，簡稱二十五號文），表示六十二號文不追溯既往，其內容如下：

一、各地區、各部門已經出台的優惠政策，有規定期限的，按規定期限執行；沒有規定期限又確須調整的，由地方政府和相關部門按照把握節奏、確保穩妥的原則設立過渡期，在過渡期內繼續執行。

二、各地與企業已簽訂合同中的優惠政策，繼續有效；對已兌現的部分，不溯及既往。

三、六十二號文規定的專項清理工作，待今後另行部署後再進行。

朱主席的及時建議，發揮臨門一腳的功效，改變原來立即緊縮優惠的政策，使台商可以安心經營。

但我們必須提醒台商，如果過去存有「發機會財」的想法，必須改變為「發管理財」的作法，唯有靠本事正派經營，才能永續發展。

台商協會及台企聯

台商前往大陸經營之初，人生地不熟，日感必須相互認識、日常聯誼、交換經驗，同時也需要一個平台，能與大陸有關政府部門成為溝通橋梁，甚至與台灣的陸委會、海基會及有關機關相互聯繫，因而亟思成立台商協會，大陸也體認這些功能，因此同意。於是在北京、東莞、深圳等地最早成立台商會（大陸稱之為台資企業協會）。東莞及深圳是台商最早進入大陸之處，也是台商人數最多的地方，所以最早成立台商會也是理所當然。而北京台商人數雖不是最多，但因為是首都所在，具象徵意義，所以也先成立台商會。截止二〇一五年底，全國各地台商協會已有一百四十幾個。

隨後各地紛紛成立，多數是以地級市（類似台灣過去的省轄市）為單位，但也有少數縣級市基於特殊原因而成立，例如蘇州市下屬的昆山市，就因為台商占了當地外資一半以上，又因鄰近上海，短短幾年內，一個小農村發展成江蘇省舉足輕重的工商重鎮，所以也成立會員眾多的昆山台商協會。另外在直轄市及少數較偏遠省分，則成立省市級單位的台商會。

當各地台商愈來愈多，而且台商覺得有些政策性的議題必須與北京的中央部委溝通，於是有了成立全國性台商組織的構想。可是在大陸要成立如此串聯性大規模的民間組織相當敏感，經過一再努力協調溝通，終於獲准於二〇〇七年成立全國性的台資企業協會聯合會（簡稱台企聯）。首任會長為張漢文，二〇一〇年改選，第二任會長為郭山輝，二〇一六年再改選，第三任會長為王屏生，三人皆出自廣東，因為該省台商人數及協會都最多，這樣的結果也就不意外。

國民黨政府始終認為，台商出外打拚，是台灣經濟實力的延伸，他們以比當地企業為高的獨特競爭優勢經營，不僅為自己獲得報酬，更重要的是對母國（台灣）的影響，他們會回頭採購設備及零配件原料，且帶動台灣幹部在地主國（大陸）的就業（註：母國、地主國為學術用詞）。正因為如此，政府應該成為台商的後盾，協助他們經營發展。因此，政府方面與台企聯保持密切聯繫，海基會等相關單位赴陸參訪時，也會反映他們的意見。

台企聯明明是台商的組織，但反對人士卻把它視為大陸的團體，予以杯葛，大概基本心態上是反中，而且認為台商淘空台灣，甚至債留台灣。

開放陸資來台

台資企業前往大陸投資，應在一九八〇年代末期就開始，根據學者專家及官員的研究評估，大陸的投資環境當然不好，可是商人卻絡繹於途，原因很簡單——「高風險，高報酬」。世界投資報告（World Investment Report, WIR）統計發現，各國投資環境評估之排名，與實際吸收投資金額之排名，竟成負相關，除美國外，其他各國是環境愈差者，吸收投資愈多。

到了一九九〇年代末期，大陸經濟也起飛到一個階段，漸有對外投資，而台灣又沒開放陸資，形成極不對等現象。因此，為考慮商業行為的需要，我們朝開放方向思考，再者也因應台商要求，一直希望協商「台商投資保障與權益」的議題，對方表示，現在投資只有單向，權益保障應該是雙向的，所以要求開放陸資來台。這讓我回想起一九九三年辜汪會談所簽的《辜汪會談共同協議》，其中第二條經濟交流

表 4 陸資來台件數及金額統計表

年度	件數	金額（千美元）
2009	23	37,486
2010	79	94,345
2011	105	51,625
2012	138	331,583
2013	138	349,479
2014	136	334,631
2015	170	224,067
總計	653	1,443,216

資料來源：經濟部投審會

就提到「雙方同意就台商在大陸投資權益及相關問題……，擇時擇地進行商談」，也就是說，本來大陸願意談單向的保障，但時隔十六年已改變態度，要談雙向，足見兩岸對比已起了翻轉的變化。

除此之外，我們也認為開放陸資時機已成熟，除了促成資金雙向流動外，也能達到優勢互補、互利雙贏的效果，因此在第三次南京會談時達成一個「陸資赴台投資」的共識。歷年陸資來台統計如表4，合計已有六百五十三家，投資金額達十四億美元，其中以幾家銀行的台北分行，以及中遠集團與陽明海運合資的高明貨櫃碼頭為大宗，這些陸資對於台灣的就業及稅收均有貢獻。據統計，截至二〇一五年九月，這些陸企在台僱用員工已達一萬兩千三百七十二人。

第七章

直航

一九九〇年代，一般所稱的三通是指通航、通商及通郵，其中以通航最為敏感，因為兩岸的飛機或船舶直航，均涉及公權力，它必須經主管機關核准，而且營運也要受主管機關的高度監管。以飛機而言，包括航點的開放、航權的分配、航路的規範、飛航情報區，以及飛行航管的交接等。

兩岸最早的空中直航是在二〇〇三年春節，當時為了方便台商及其眷屬返鄉過年，開放中停港澳的往返包機，稱之為「台商春節包機」。二〇〇四年因總統大選，停辦了一年。二〇〇五年的包機又向前邁進一大步，不必中停港澳，但要經過香港飛航情報區，我方的台北飛航情報區才願意交接；也就是說，兩岸的空中航管不直接交接。除了經由香港外，我方原先希望也開放經過沖繩飛航情報區，因為華東及華北來台的飛機，可以大幅縮短繞經香港的航程，但大陸方面因政治理由，不願「國際化」，所以未能實施。所謂飛經香港飛航情報區，我方原先意指經香港機場附近上空，但陸方業者則私下聯繫香港當局，在汕頭接觸到香港飛航情報區後，就直接轉向台灣。如此一來，陸籍航空業者往返兩岸包機的路程及時間，均比我方業者為短，這還引起我方業者的抗議，然而港方同意陸方的航路，卻非我方能夠置喙。

二〇〇八年兩岸恢復協商，第一次江陳會談，同意開放一週四天的週末包機，二

○○八年十一月的第二次會談簽署空運協議，把包機改為定期航班，並開闢北線台北飛航情報區與上海飛航情報區的直達航路，這也是一項突破，雙方官方的空管可以直接接觸。二○○九年四月，開闢南線台北與廣州的飛航情報區直達航路，不再經香港飛航情報區，也可以少付一次「過路費」，同時也新闢第二條北線航路，以紓解航路的擁擠。隨後又開放松山機場，大幅縮短台北往返桃園機場的時間。

週末包機

包機協議則是將過去不定期少量的春節包機，擴大為週末包機，並將週末的定義擴大為每週五至下週一，理由是來台或回台渡週末，要加上往返的路途時間。如此一來，一週七天有一半以上的四天可有包機飛航兩岸，大大突破一般人認知的兩天週末，初期實施時每週三十六班。

前面提到辜汪會談簽署協議時左右互換位置的情形，雙方也同意簡化，因會談輪流在台灣及大陸舉行，因此以主客場決定左右位置，雙方協商也由「重形式」邁入「重實質」的階段。

江陳會談另一項重要的共識是雙方協商談判，先易後難、先經後政、先急後緩，這也成為會談選擇議題一項重要的原則，但也非那麼絕對，與民生相關而政治性不高的議題，雙方也務實地列入協商，例如第三次會談就簽了《兩岸共同打擊犯罪及司法互助協議》。

北京會談是兩岸首次在大陸舉行的協商，當然也引起國際媒體關注，大陸官方更是重視，會談結束後，還特別安排總書記胡錦濤與江董事長在釣魚台賓館會見。北京稱的釣魚台並非台灣所稱的釣魚台，台灣指的是東海爭議的小島，但北京稱之為釣魚島。釣魚台賓館則是清朝就有，逐步更新擴建，是一幢美麗的花園賓館，是大陸領導接見及宴請重要賓客的場地。後來我到大陸各地訪問，發覺各地方省市都有類似的花園賓館，有園林造景，湖泊點綴，場地廣闊，花木扶疏，世界各國能有此規格的國家不多。

空運協議——從包機到定期航班

二〇〇八年的第二次會談，把《週末包機會談紀要》，改為正式的《兩岸空運協議》，從包機變為定期航班，同時也增加貨運包機。包機與班機最大的不同在於，包機只能載客，機腹的貨艙卻只能閒置，改成班機後既載客也能攬貨，航空業者的收益當然可以增加。

但是我方希望因應商務人士的緊急需要，建議開放商務包機，可是對方不同意營利性的包機，只同意非營利性包機，換言之，只有飛機所有人的私人飛機才可以，這其實並非民航慣例。後來我聽業者說，那時候他們的商務包機競爭力不如我們，所以不開放，這可以證明兩岸談判，並非對方讓利，實際上是錙銖必較。

這次的空運協議，還有一個重要發展，就是建立了直達航路，但所謂直達，並非穿越海峽直飛的航路。雙方都有軍用空域的問題，海峽中線東岸的部分為我空軍軍域，而往北的東海靠大陸一端又是大陸空軍使用，而且我方內部對於這個問題，不但認為是國防安全，也是政治問題，直到現在還是不開放穿越海峽的航線。所以旅客看飛機上的飛航路線，往上海是先從東北飛往日本的國際航線，直到一個中間定點，才往西飛（注意也不是往北飛的直線），在溫州附近進入大陸，才轉向北飛，形成一個「之」字形。這個航線是雙方妥協的結果，儘管如此，這種飛法，去上海還是比去香港要快。

二〇〇〇年代後期與一九九〇年初期，兩岸對於直航的需求已起了根本變化，一九九〇年代之前，大陸是基於政治目的希望直航，但二〇〇〇年代後期，則是台灣基於經濟的需要而通航。因為當時大陸已成為我們重要的出口市場，而台商及一些國際商務客，也希望節省旅程時間。舉例來說，國際買主到台灣談生意，若要看工廠，則要移駕大陸，否則就跳過台灣直接去大陸，而要我們的業務人員去大陸談。

前面提到週末包機時，將週五至週一的四天算週末，每週三十六班，但很快就不敷需求，因此我們希望增班。對方原先只想增至七十二班，也就是加倍，但我主張，原來是二位數的航班，要增加到三位數，民眾才會有感，對方也爽快答應增加三倍至一百零八班。由此經驗顯示，協商時的說詞能夠引起對方共鳴，比較容易達成協議。

東亞的商務機場——松山機場

這次會談也就兩岸空運協議，補充增闢兩條航路，一條是南線，同樣也是由於軍方空域，所以飛向南後轉西，進入大陸廣東汕頭，再轉飛各目的地；另一條是新闢一北線，直接走海路往北，往東北黑龍江、遼寧等地，這條航路比繞經陸路前往北京要近，所以儘管兩地直線距離稍遠，但飛行時間反而短些。

此次會談還有一個重點，即開通台北松山到上海虹橋的航班，這兩地都是位於市區的機場，大幅縮短來回機場的時間，很受商務客的喜愛。另外，台北松山也開通飛東京羽田機場及韓國首爾金浦機場，形成首都圈的國際航路，也是東亞（台日韓中）主要商務中心的商務機場。

陸客中轉

二〇一三年底，我前往上海虹橋賓館，籌備第二次兩會協議檢討會（註：大陸認為檢討是負面的，只有壞的才要檢討，所以他們稱總結會議）。當時我再度要求就多年來一再提出的議題，討論陸客中轉，我說：一、陸客中轉是航空慣例，二〇〇九年四月，《海峽兩岸空運補充協議》第十條即有「雙方同意有關證照查驗、適航認證……等事宜，參照航空運輸慣例和有關規定辦理……」，而中轉就是航空運輸慣例。二、我方對旅客在大陸中轉完全開放。三、貴方航空公司在我方媒體廣告，攬客赴陸中轉。四、陸方出國旅客中，有四分之一至五分之一在日、韓、港中轉，香港也就算了，為何寧給日、韓利益，卻不給台灣？並說我即將離開海基會，希能在任內完成，但終未能如願。

陸方之所以不願開放中轉，完全是政治因素，因為它們規定赴台旅客不是持護照，而是必須辦理大陸人民往來台灣通行證（簡稱大通證），如此一來，目的地不是台灣的中轉客，在大陸就無法上機，這樣的規定並不合理。

反之，台灣旅客要不要在大陸中轉，我們是完全自由。可是曾有少數台灣旅客在海外搭乘陸籍航空，途經北京或上海轉往其他目的地，卻被困在機場，因為他們未辦台胞證，竟然連在機場中轉未入境亦不可，這完全違反航空運輸慣例，經海基會交涉才勉予放行，但又說下不為例。因此，後來海基會還透過其出版品刊登說明，勸導無台胞證者勿在大陸中轉。

境外轉運中心

海運直航方面，並不比空運簡單，因為雙方要洽定開放的港口、海上航線及進出港口管制等。我方基於政策上走向亞太營運中心的需要，先於一九九五年開放境外航運中心，二〇〇一年開放小三通，直到二〇〇八年簽署海運協議，才正式有了海上直航。空中直航主要是方便客運，海上直航則是貨運為主，這對於兩岸鉅額的貿易來說非常重要，可以大幅降低運輸成本。

經濟部於一九九〇年代中期開始推動亞太營運中心計畫，目標是發展台灣成為亞太地區的經濟樞紐。內容包括六大中心，即製造中心、海運轉運中心、航空轉運中心、金融中心、電信中心和媒體中心。其中海運轉運及航空轉運，與兩岸關係是否開放最直接相關，金融中心則不僅涉及兩岸金融往來，也涉及整體金融業務的開放，難度較高。

海運中心與航空中心的構想，與台灣居於亞太地區中心的地理位置有關，因為從台灣出發，前往亞太主要城市如東京、首爾、上海、香港、新加坡，甚至紐西蘭及澳洲，平均距離及所需時間最短。可是要達到此目的，就必須能夠兩岸直航。以一九九〇年代的時空環境而言，空中直航的安全顧慮較多，而海運就不那麼敏感了。但海運直航也涉及兩岸條例的規定較為複雜，所以當時想了一個辦法，就是「境外轉運中心」（off shore shipping center），也就是船在兩岸港口跑，但所載的貨物不是由台灣直接進出口大陸的貨物，而是大陸的貨在台灣的港口轉運，這些貨不入境、不通關，故稱之為「境外」。經過交通部、財政部及陸委會等協調討論，訂定辦法，於一九九五年五月開始實施。

當時規定航行於境外航運中心與大陸地區港口之間的船，必須是外國船舶，因為依國際慣例，船須掛船籍國之國旗，而大陸對此極為敏感。

外籍輪船當然符合此規定，而兩岸航商其實也有不少船符合此規定，因為航運實務上，為了租稅或航權的方便，航商常將船舶入籍外國，在船舶上懸掛外國國旗，我方稱之為權宜籍輪，而陸方則稱之為方便旗輪（Flag of Convenience）。

至於承載的貨物，則為大陸與第三地之間進出口的貨，而不得載運以兩岸為目的之貨物。一般轉運多為貨櫃，辦法中規定，可在港區範圍內整櫃、併櫃及簡單加工、重整。

在一九九〇年代，大陸的深水港還不多，航商的國際線多為大型貨櫃輪，它們順載目的地為大陸的貨櫃到轉運中心，再併裝其他來源的貨櫃，以較小船舶運往大陸。這對高雄港在世界貨櫃港載運量的排名，頗有助益。

開放小三通

金門、馬祖與大陸福建省僅一水之隔，近在咫尺，與台灣本島距離反而較遠，金馬民眾日常生活所需，有時取自福建較方便，因此，在兩岸開放直航之前，要求先開放與福建的通航（即小三通）。政府經過多方評估，也認為小三通可為大三通預做準備，了解開放後可能須預先準備的程序證件等，也可了解三通可能帶來的衝擊，所以在《離島建設條例》中列入第十八條，「得在全面通航前，先試辦金門、馬祖、澎湖地區的小三通」，此項條例在二〇〇〇年總統大選確定政黨輪替後，國民黨仍積極協調各方取得共識，終於在二〇〇〇年四月經立法院通過施行。因為有了這個法律的依據，二〇〇〇年五月民進黨執政後，才能於二〇〇一年一月一日正式開放小三通，對於金馬地區民眾往返兩岸增加許多便利。而台灣一些企業也為了員工的往返，將員工的戶籍遷移金馬，特別是金門，造成金門的人口因此增加。

兩岸也為小三通做了一些準備，金門方面，擴建面向大陸的水頭碼頭，而大陸方面，原先使用廈門的和平及東渡碼頭，因航程較遠，後又擴建鄰近廈門機場的五通碼頭，使金廈之間的航程縮短至三十分鐘。台灣部分旅客利用此路線到廈門轉機，前往大陸各地費用大幅降低，因為兩端的空中航程均屬國內線，票價比國際線為低。而小三通最大的功能是小額貿易免稅，且台灣農產品水果銷往大陸更快速，可延緩水果的採收期，增加台灣水果的鮮美及成熟度，也降低運輸成本。

海運直航，不再繞經石垣島

海運協議，由於兩岸貿易占台灣近三〇%貿易總額，出口所占比例更高，直航的重要性不言而喻。以當時每年一千兩百億美元的貿易額來說，如果運費要一%，就要十二億美元，特別是時效性產品更是省時。以水果等農產品而言，雖然小三通可運輸一部分，但前往其他地點，在兩岸直航前繞道香港或石垣島，都要多花幾天時間，而擔心水果到市場熟透，運輸時間愈長，愈須提早採收，其成熟度當然就差很多。

江丙坤董事長告訴我，一九九〇年代，日本沖繩縣縣長與他會面，當時他是經濟部部長，提到每艘經石垣島轉運的船要收十萬日元，一年有一千艘船經過，所以光憑港口蓋章的證明，就有一億元收入，他希望能有更多的船途經該港。江丙坤開玩笑地說，能否錢照付，把圖章借放在基隆港，就不必實際繞經石垣島了。

記得二〇〇八年十二月十五日首航，我到基隆港去看陽明海運的船載滿貨櫃啟航大陸，我問陽明董事長盧峯海載的是什麼貨，他告訴我是友達生產的面板，分別要運往上海、天津和大連，許多貨物還要轉運其他內河港口或內陸地區，足見海運直航的效益，因為這麼一來，廠商所須備料的庫存也可降低。此外，大陸最大的中遠集團（COSCO）是大陸的船運公司，它們開了一艘裝載一萬個（一〇〇二〇TEU）二十呎標準貨櫃的最大輪船，由天津直航高雄港。雖然現在（二〇一六年）陽明海運已有一四〇八〇TEU貨櫃船泊靠高雄港，但就當時的高雄港來說，是首次有這麼大的貨櫃船停靠。

海運協議大陸開放的港口，不僅海港，也包括長江的內河港口，我本來懷疑有這種需求，沒想到還真有航商以較小貨櫃船直接運到內陸目的地港口。

第八章

ECFA與FTA

兩岸貿易

在一九七九年以前，大陸對西方世界經濟是封鎖的，當然不會進口台灣物品，可是當時台灣所需的中藥材多由香港轉口，所以貿易帳上呈現逆差。

一九七九年鄧小平改革開放，台灣開始有部分商品透過香港轉口進入大陸，貿易帳立即轉為順差。不過因為台灣仍有三不政策，出口報單目的地不能填大陸，所以初期轉口量並不大。

一九八七年台灣開放民眾赴大陸探親，間接由香港轉口去大陸的商品開始大量增加，特別是一九九二年兩岸條例通過後，貿易順差愈來愈大。二〇〇八至二〇一五年的兩岸貿易，依我國海關統計如表5，足見大陸是我國的一個重要市場，每年貿易順差均超過對全球整體的順差。其中以二〇一〇年差距最大，兩岸順差超過全球順差達五百三十九億美元。

因為兩岸順差金額龐大，有時候也成為談判桌上的話題，正如美國與中國的對話，貿易絕對是重要的話題，美國甚至由此引申要求人民幣升值。

回到兩岸貿易，我回應他們的講法：兩岸貿易與美中情況完全不同。

表5 兩岸貿易統計表

單位：億美元

	兩岸貿易總額			出口			進口				
	金額	比重	成長率	金額	比重	成長率	金額	比重	成長率	出超	全球出超
2008	1,324	26.7	1.7	995	39.0	-0.8	328	13.7	10.2	666	151
2009	1,092	28.9	-17.5	836	41.1	-15.9	255	14.7	-22.3	581	293
2010	1,523	29.0	39.4	1,147	41.8	37.1	375	14.9	47.1	771	232
2011	1,693	28.7	11.2	1,240	40.2	8.1	452	16.1	20.5	787	266
2012	1,622	28.4	-4.2	1,186	39.4	-4.3	435	16.1	-3.8	751	303
2013	1,647	28.7	1.5	1,204	39.7	1.5	442	16.4	1.6	762	331
2014	1,744	29.7	5.4	1,247	39.7	2.9	497	18.1	12.4	750	396
2015	1,549	30.4	-11.2	1,093	39.0	-12.5	456	19.9	-8.1	637	516

資料來源：我國海關

首先，台灣出口到大陸的九○%屬於原料及零配件，以ＨＳ兩位碼來台，排名前幾名的產品是八五電機電子、九○光學、八四機械、三九塑膠，都不是消費品，而這些大陸進口的物品，是在大陸加工為成品，再外銷到歐美，所以中國對歐美才有大量順差。就兩岸而言是互利互惠的行為，以台灣角度來看，過去的貿易是三角貿易，由日本進口原料，台灣加工，外銷歐美「日→台→歐美」，但如今則在供應鏈中加入中國，也就是「日→台→中→歐美」。

其次，從總體經濟的運作

而言，貿易的順逆差也不能單項來看，因為學理及實務上要編國際收支平衡表（International Balance of Payment），貿易順逆差只是平衡表經常帳戶（Current Account）的一部分，經常帳除貨品貿易外，還有服務貿易也有順逆差問題，更何況除了經常帳之外，還有資本帳及金融帳，投資活動即屬此項。台灣對大陸貿易是順差，但其他方面如旅遊、教育等服務項目逆差較多，而台商投資大陸，更是吃掉不少順差，因此總體看來，兩岸的收支帳應該還算是平衡。

從表6及表7兩岸主要進出口商品的統計來看，兩位碼分類的商品種類幾乎完全相同，也就是兩岸貿易已由「垂直貿易」走向「水平貿易」，亦即互補性已降低許多。但另一方面，因兩位碼分類太粗略，若再細分，也許就會有差異。據我所知，以鋼鐵為例，儘管兩岸互有進出口，但出口去大陸的屬於比較高附加價值的鋼品。大陸產業的進步相當快速，台灣唯有不斷研發創新、產品升級，才可能在激烈競爭的市場生存下來。

從另一個角度來看，台灣對大陸出口產品中，不少是以大陸市場為主，所占比例甚高，例如有機化學品及光學儀器兩類的大陸市場，占我總出口比例高達六成；反之，我們從大陸進口的產品，多占大陸總出口很小的比例，顯示台灣並非大陸主要的

表6 2015年主要產品（前十名）台灣對中國大陸出口統計表

單位：百萬美元

HS Code	產品名稱	台灣出口總額金額	對中國大陸出口金額	比重（%）
85	電機與設備及零件	118,122	26,142	22.13
84	機器及機械用具	29,016	5,740	19.78
39	塑膠及其製品	18,527	6,563	35.42
90	光學儀器及器具	15,896	9,483	59.66
27	礦物燃料、礦油	11,588	562	4.85
87	鐵道及電車道車輛外之車輛	10,217	564	5.52
29	有機化學產品	8,598	5,179	60.23
72	鋼鐵	7,974	1,070	13.42
73	鋼鐵製品	7,230	344	4.76
38	雜項化學產品	3,577	917	25.63

註：比重為對大陸出口占總出口比例。

資料來源：我國海關

表 7 2015年主要產品（前十名）從中國大陸進口統計表

單位：百萬美元

HS Code	產品名稱	中國大陸出口總額金額	台灣從中國大陸進口金額	比重（%）
85	電機與設備及零件	594,586	18,095	3.04
84	機器及機械用具	364,324	5,881	1.61
90	光學儀器及器具	73,737	1,771	2.40
39	塑膠及其製品	65,746	1,134	1.72
72	鋼鐵	49,212	2,116	4.30
29	有機化學產品	42,673	908	2.13
87	鐵道及電車道車輛外之車輛	38,847	1,068	2.75
73	鋼鐵製品	37,583	259	0.69
27	礦物燃料、礦油	17,313	304	1.76
38	雜項化學產品	8,195	1,935	23.61

註：比重為台灣進口占大陸出口比重。

資料來源：我國海關

出口市場，正因為如此，大陸與台灣談貨品貿易時，不必斤斤計較要台灣開放。

插入一個題外話，中美兩國貿易，中方順差甚多，超過兩千億美元，美方也常在談判時要求大陸改善並開放市場，而陸方最近提出一個新名詞來辯解，即全球價值鏈（Global Value Chain），意指大陸外銷品中，許多是靠進口的原物料及零件，因此要算附加價值的淨額才合理，說來也不無道理，但尚未成為世界貿易的主流看法。

ECFA，不是洗腳（CECA）

為了融入世界區域整合、簽署自由貿易區的趨勢；也為因應二〇一〇東協與中國自由貿易協議生效，台灣被邊緣化，出口產品競爭力降低的危機。兩岸經過溝通後，開始籌備協商經濟合作協議。

一開始，我們參考國際間簽署類似協議的名稱，擬用Comprehensive Economic Cooperation Agreement（CECA），然而此一構想出來後，還沒談實質內容，名稱就引起一些不必要的爭議，例如有人說，這很像大陸與香港所簽的CEPA；也有人說這唸起來像是「C咖」，連次等貨都不如；甚至有人以其與台語的「洗腳」音同而反對。我們查過，國際間以CECA簽署不止一例，然而國內既有此爭議，於是絞盡腦汁另想了一個名稱 Economic Cooperation Framework Agreement（ＥＣＦＡ），以台語讀來有「又再發」的涵義，終算平息了名稱的爭議。不過這麼一來，這變成世界上獨一無二的名稱，一開始外賓不知我們在講什麼，但經過解釋後也多能理解。

所謂架構（framework），是指沒有一步到位的ＦＴＡ（Free Trade Agreement，自由貿易協議），因為ＦＴＡ要求一定比例的貨品（通常是八五％以上）免稅，可是我們考量兩岸實情，台灣的弱勢產業難以承受衝擊，非常不容易一步到位，所以先選擇部分項目免稅，也就是所謂早收清單（early harvest）。我們一方面希望大陸多給些，另一方面又考慮國內弱勢產業的因應需要調適期，所以希望少讓些，這樣的要求實在不好談，我們只好想盡理由，包括：

第一，兩岸加入世界貿易組織（ＷＴＯ）的身分並不相同，我方以已開發國家（developed）加入，而陸方是以「開發中國家」（developing）加入，我方免稅項目本來就比較多。以後來達成的協議來看，陸方開放五百三十九項，我方僅開放兩百六十八項，可是加上原來開放項目後，我方的免稅項目總數是高於陸方的。

第二，我們認為雙方經濟規模差距過大，以ＧＤＰ衡量，當時陸方是我方的十三倍多，言下之意，你大我小，你應該寬容些，而且大陸領導人也說過，會考量台灣的實際情況及需要。

這一項「考量經濟規模差距」的論點，我極力要求列入協議，陸方原先並不同意，但經過多次拉鋸，對方終於同意以「考量雙方的經濟條件」一詞列入協議，在序言的第二段首次提及，隨後在第二條合作措施，又再度寫入。日後我方的談判，應可多運用此條文的精神，爭取我方權益。

ECFA馬蔡辯論

民進黨對於ECFA是採反對立場，當時甚至編了個台語的順口溜「女孩嫁不到丈夫，先生找不到工作，小孩要送去黑龍江」，又說會造成百萬以上的人口失業，中小企業也受害最多。

馬英九與蔡英文於二〇一〇年四月舉行電視辯論會，馬英九舉了一個例子說，他去台中一家家庭式的小機械廠參觀，老闆姓賴，全部員工僅八人，如果ECFA能談成，他的產品就可以零件組裝進入台中精機的工具機外銷大陸。

當時兩岸的開放免稅項目尚在談判，我方要求開放工具機，但對方基於本身發展工具機產業的需要，不願開放（足見兩岸談判不全然是讓利），我們則說「那不

表 8 ECFA後續協商產品項數

（以HS 8位碼海關稅則分類為基礎計算）

		：：台灣	大陸
A	總進口貨品	8,726 農1,584 工7,142	7,923 農1,185 工6,738
B	已零關稅產品	2,634 農293 工2,341	657 農94 工563
C	已列入早收清單	268 農0 工268	539 農18 工521
B+C	合計	2,902	1,196
D=A-B-C	待後續協商產品	5,824 農1,291（615項不開放） 工4,533	6,727 農1,073 工5,654
	工業品平均稅率	4.27%	8.92%

註：以8位碼計算農產品為1,584項，以11位碼計算農產品為2,334項，在2,334項中，1,444項已開放大陸進口，890項未開放大陸進口（以前政府說830項未開放，但2011年5月12日調整分類後為890項）

資料來源：引自江丙坤演講資料

表9 世界各國GDP統計表及大陸／台灣倍數表

年度	中國大陸	美國	日本	德國	台灣	倍數
2008	45,195 (9.6)	142,915 (-0.3)	48,492 (-1.0)	36,236 (1.1)	4,001 (0.7)	11.30
2009	49,902 (9.2)	139,390 (-3.5)	50,352 (-5.5)	32,988 (-5.1)	3,775 (-1.8)	13.01
2010	59,305 (10.4)	145,265 (3.0)	54,897 (4.4)	32,821 (3.7)	4,301 (10.7)	13.86
2011	73,185 (9.2)	150,877 (1.7)	58,695 (2.1)	35,747 (1.6)	4,669 (4.04)	15.61
2012	78,893 (7.8)	156,760 (2.2)	59,623 (1.9)	33,988 (0.9)	4,741 (1.3)	16.64
2013	85,238 (7.7)	168,030 (3.4)	60,937 (1.6)	36,321 (0.4)	5,116 (2.92)	16.66
2014	91,460 (7.3)	172,062 (2.4)	60,937 (0.0)	36,466 (1.6)	5,300 (3.9)	17.25
2015	97,778 (6.9)	176,192 (2.4)	61,180 (0.4)	37,086 (1.7)	5,342 (0.8)	18.30

註：2010年中國成為全球第二大經濟體。

資料來源：經濟部網站；( )為成長率，倍數指中國大陸／台灣。

成，總統辯論時已講出去」（其實總統只知道已列入部分項目的大方向，當然不知細節），而陸方也很厲害地回應，那就開放那一項目吧！他們隨即打了通電話，問那家廠商生產什麼，一查之下發覺那項產品根本細到不在談判的八位碼項目，它是屬於十二位碼的產品，但為了開放它，只好回到八位碼，結果其下所屬的其他十二位碼產品也一併開放了。

工具機談判

工具機的談判一直是很困難的，我方這個產業集中在台中一帶，形成產業聚落，從業人員為數不少，當然要極力爭取。然而從大陸角度而言，這又是他們發展裝備製造（台灣稱為機械業）的要項，所以都是據理力爭，直到二〇一六年，還在進行中的《兩岸貨品貿易協議》仍為此而拉鋸。在二〇一〇年時談判的一個關鍵，是工具機的電腦數位控制器（Computer Numerical Control, CNC），由於精密的控制器，我方多使用日製的產品，這樣一來，變成日本產品搭便車免稅銷往大陸，陸方當然不願意。最後我們與業者協調，總算訂出一個兩岸勉強可以接受的調適期，也就是以五年為期，必須改用台灣產品。

台灣的業者其實都在努力研發這種產品，中低階的控制器早已可以自製，高階者亦可生產，但困擾的是買方常指定要日製控制器，因此解決之道是陸方要通告他們的業者（多為大型國企）不能指定，為什麼要讓日方白賺這筆錢。

ECFA談判最後卡關的是石化產品、工具機、運輸工具及面板，一直到六月中旬，我還沒把握能否談成。直到六月二十一日晚間鄭立中來電，說上面已依我們要求拍板定案，並定六月二十八日至三十日在重慶舉行第五次會談簽署，同時依例於六月二十三日至二十五日來台北舉行預備性磋商，敲定協議文本。

通完電話後，我立即向總統、國安會胡祕書長、海基會江董事長及陸委賴主任報告，他們對於這樣戲劇性的發展有點驚訝。我立即要求海基會同仁進行細部規畫準備作業，這是歷次協商中從拍板到正式簽約時間最短的一次，只有一週的時間準備。

農產品免稅

鄭立中六月二十三日來台，當即告訴我開放農產品免稅項目十八項，包括鮮魚、活魚、凍魚、蘭花、香蕉、柳丁、火龍果、茶葉等，我也當即向所有長官報告。農產品是最難談的項目，我們要求對方開放，卻又完全封鎖對方，我只好又搬出你大我小的論述，大陸面積廣大、人口眾多，我方農產品進入大陸後分散各地，對於市場影響不大。

相反的，台灣地狹人稠，你的農產品來台，當然有重大影響，而且在台灣農業不僅是經濟問題，更是政治及社會問題。好在對方也能體諒，總算不辱使命。

關於農產品的免稅，後來發揮很大的效益，兩岸農產品貿易，多年來我方都是處於逆差，但有了ＥＣＦＡ後，二〇一三年已由逆差轉為順差（見表10）。以漁產品為例，最著名的出口有三種，即石斑魚、虱目魚及秋刀魚。我曾參觀過東港石斑魚的養殖基地，非常佩服我們漁民的創新研究及經營方式，在品種方面持續研發，因為大陸也會養殖並在後面追趕。另外就是經營模式，別小看一條成魚，竟然分了四個階段：母魚下卵，取卵孵化，小魚養殖，長大成魚。而石斑抵達賣場時必須是活魚，才能保持其鮮美，於是協調兩岸開放活魚運輸，也就是漁船裝載海水，把魚放在其中飼養，運往目的地。

另外就是秋刀魚，這種魚並不是養殖的，而是漁船在北太平洋捕獲，作業方式是許多漁船配備一艘大型冷凍母船，各漁船捕獲秋刀魚時，立即送到冷凍母船，等到滿載就開回母港，通常是高雄港。而秋刀魚屬ＥＣＦＡ免稅項目，要符合協議免稅資

表 10　兩岸農產品貿易統計表

單位：億美元

	出口值	進口值	貿易順差
2010	5.36	6.75	-1.39
2011	6.78	8.06	-1.28
2012	7.95	8.43	-0.48
2013	9.22	9.08	+0.14
2014	9.98	9.74	+0.24
2015	10.01	9.10	+0.91

註：自100年起，針對18項農漁產品實施 ECFA 早收清單降稅，計有文心蘭、金針菇、香蕉、柳橙、檸檬、哈密瓜、紅龍果、茶葉、石斑魚、烏魚、秋刀魚及甲魚蛋等項。

資料來源：農委會農業貿易資料統計查詢。

格，必須有「原產地證明」，也就是台灣生產的。但依慣例，海上捕獲的，產地就屬其船籍國，當這些魚要出口時，就要我方高雄漁會開具產地證明。漁民認為，漁船從北太平洋開回台灣，再航向上海外銷過於麻煩，希望直接運往上海也能享受ECFA免稅，因為衛星航照可以證明漁船的作業，後來經過兩岸協商，也就同意以此方式節省時間及成本。

關於兩岸農產品貿易自二〇一〇年以來的統計列表如表10，由表中可見ECFA自二〇一一年生效後，台灣出口大陸農產品逐年增加，並於二〇一三年由逆差轉為順差，足見ＥＣＦＡ不僅使工業產品受益，對農產品的出口也有很大助益。

投資保障協議

我是學企管的，教研的重心也在這個領域，所以對台商的經營管理特別有興趣。二〇〇〇年十二月，我第一次踏上中國大陸土地，是去廣州中山大學參加一個大中華經濟圈（即區域經濟整合）的學術研討會，從那時算起迄二〇一五年十二月，我已去過大陸一百一十四次，每次都會利用機會參訪台商，關心他們的經營問題。

二〇〇五年是民進黨執政，由於他們對台商不友善的定位，再加上缺乏管道與陸方聯繫，所以台商經營的困難與問題沒有管道可申訴。二〇〇五年四月連胡會（見）之後，國共兩黨建立聯繫，由國民黨的智庫（國家政策研究基金會）與中共中央台辦，每年共同召開台商投資權益保障座談會。

二〇一〇年兩岸簽署ＥＣＦＡ，其下設置經濟合作委員會，二〇一一年成立後，就分組針對後續協議展開協商，其中台商最關心的權益問題，就涵蓋在投資協議之內。

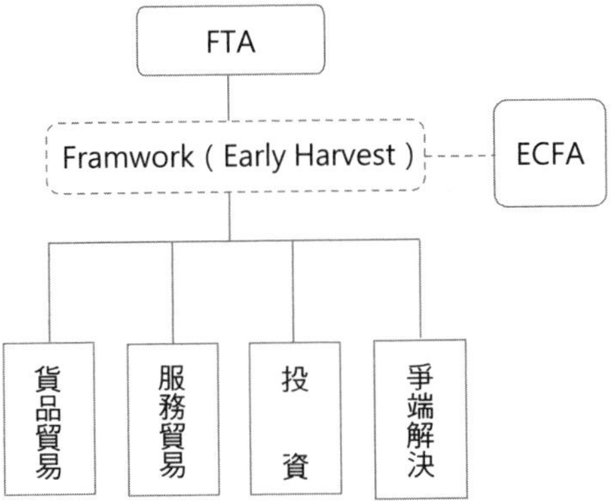

圖 4 ECFA之下四大協議

註：投資協議包括投資促進及保障

陸方來台灣協商，除了第二次在台中外，其餘都在台北舉行，而且都選在圓山飯店，實在是因為適合場地難尋，以及維安的需求。二〇一二年八月的第八次會談也不例外，但這次會談最重要的是簽署《海峽兩岸投保協議》，這是ECFA之下四個重要的協議之一，在很多方面，它都突破了傳統投保協議的內容。

投保協議基本上是政府與政府間的協議，但是一些台商望文生義，以為所有糾紛都能解決。兩岸的投保協議已將保障範圍擴及政府與企業，但是並不包括企業與企業間的糾紛，那必須透過司法途徑解決。所以台商的心態，應該是「預防」重於「補救」。在協商談判過程中，由於兩岸的特殊性，部分協議內容已超越國際協定內容，具體來說有三點：

第一，擴大保障範圍：企業經營須面對或交涉的對象，不外乎是官方（Government，簡稱G）及民間（Privete，簡稱P），就雙邊協議而言，兩方都有官方及民間，因而形成四個雙邊關係，即官對官、官對民、民對官及民對民。通常投資保障協議處理的是官對官，即G to G，或有人以電子商務習慣G2G表達，而P2P不處理，然而大陸許多P實際上是官方主導的，因而台商希望協議能涵蓋到P2G，也就是形式上P，但實質上為G之糾紛案例，予以納入。

我就碰過一個案例，是一九九〇年代末期，地級市下屬的的區政府成立了一家開發公司，台商要建廠買地（實則是國有土地的使用權）須透過此一開發公司，因此簽約對象是該開發公司而非政府，該台商依約支付了土地價款，並在上面興建廠房，卻只拿到部分土地國土證，遲遲拿不到全部國土證，一問之下，竟然是因為受中央土地開發指標的限制，該市已達年度出讓土地上限。此一糾紛案形式上是P2P，但實質上是P2G。

經雙方在談判桌上拉鋸，最終陸方勉予同意納入，此外P2P通常是企業間糾紛，要透過司法途徑解決，而兩岸協議則將P2P的仲裁機制亦納入。

第二，擴大投資人定義：一般的投保協議是指雙方的直接投資者，但由於兩岸開放之初，台灣方面規定不能直接投資，必須透過第三地間接投資（註：這所謂的直接和間接，與國際間談海外直接投資〔Foreign Direct Investment, FDI〕不同，FDI是指投資的流向，而非是否經由第三地），因而許多台商是透過香港甚或租稅天堂，兩岸投保協議把這種情況的間接投資也計算在內。

第三，人身自由與安全保障也納入投保協議：這也突破一般的協議內容，陸方曾認為此屬治安事件，我方則認為陸方相關單位常有因故扣人情事，當事人家屬及其服務單位無從查證，所以強烈要求納入。

因為有以上的特殊性，投保協議的協商時間最長，從二〇一一年二月到二〇一二年八月，中間經過第六、第七次會談，都沒能簽成，為了不讓外界認為協商破局，故於第七次天津會談時，發布了一個兩會繼續推進兩岸投保協議協商的共同意見。

兩岸此類文件，過去在第三次會談時使用「就陸資赴台投資」達成共識。此次，我曾建議延用以前作法，稱為共識，陸方卻要改為「共同意見」，我也不知兩者有何異同，好像共識有約束力，而共同意見則無，但事實上也不盡然。兩岸常為此芝麻小事計較，日後回頭來看，雙方應該會啞然失笑。

總之，兩岸經過一年半的拉鋸，終於在二〇一二年八月第八次會談簽下投保協議，並發表人身自由與安全保障共識。

此外，投保協議也比陸方現行法規還有所突破，例如：

一、要求陸方相關單位，對台籍員工及眷屬採取強制措施限制人身自由時，應在二十四小時內通知當事人在大陸家屬，或其在大陸投資企業。這與陸方原先規定對外國人四至七天通知的作法，要求更嚴。

二、通常徵收是指依公共利益必要時直接徵收，我方則要求明定其徵收條件，並把間接徵收也納入，規定間接徵收效果等同直接徵收。

三、投資人與投資所在地爭端解決（P2G）協議十三條規定如下：

一方投資人主張另一方相關部門或機構違反本協議規定的義務，致該投資人受到損失所產生的爭端（以下稱「投資爭端」），可依下列方式解決：

（一）爭端雙方友好協商解決；

（二）由投資所在地或其上級的協調機制協調解決；

（三）由本協議第十五條所設投資爭端協處機制協助解決；

（四）因本協議所產生的投資人與投資所在地一方的投資補償爭端，可由投資人提交兩岸投資爭端解決機構，通過調解方式解決，兩岸投資爭端解決機構應每半年將投資補償爭端的處理情況，通報本協議第十五條的投資工作小組；

（五）依據投資所在地一方行政救濟或司法程序解決。

綜合以上，多元解決途徑有：

友好協商→當地或上級的協調機制→依協議十五條的爭端協處機制，也就是兩岸主管機關經濟部與商務部的聯繫機制→兩岸投資爭端解決機構的調解→當地行政救濟或司法程序。

四、投資商務糾紛（P2P）

依協議十四條，除當事人協商外，或可雙方「協商提交仲裁」，而仲裁可以選兩岸的仲裁機構，亦可選雙方同意的仲裁地點（即第三地）。協議簽署後，雙方透過溝通，分別提出兩岸投資爭端解決機構名單如下：

我方

（一）中華仲裁協會

（二）中華工程仲裁協會

（三）台灣營建仲裁協會

陸方

（一）中國國際經濟貿易仲裁委員會

（二）中國國際貿易促進委員會調解中心

「兩岸投資保障和促進協議」主要內容：

（一）投資人定義包括直接及第三地間接投資。

（二）投資法規透明化。

（三）企業徵收包括直接及間接，明定要件，並依公平市場價值補償。

（四）武裝衝突、緊急狀態之損失補償。

（五）投資收益及撤資的匯出。

（六）P2G爭端解決（包括調解機構和程序）。

（七）P2P可選兩岸仲裁機構及第三地仲裁。

（八）代位求償。

（九）人身自由——保障投資人及其投資的安全。

「兩岸投資保障和促進協議」突破點：

一、比國際投保協議突破：

（一）投資人定義包括間接投資在內。

（二）協議納入人身自由與安全保障。

（三）將P2P仲裁機制納入協議範圍。

二、比大陸現行法規突破：

（一）二十四小時通知vs.四至七天通知。

（二）含間接徵收並明確徵收要件。

（三）P2G爭端解決途徑多元化。

（四）P2P兩岸仲裁機構、第三地仲裁。

投保協議是一個制度化的糾紛解決途徑，然而糾紛個案的處理，最好避免走到這一步，通常的作法是四部曲，即協商→調解→仲裁→訴訟。其中，調解最常見的解決途徑是透過海基會去函海協會，依個案行政協處，國台辦還為此特別成立「協調局」專責處理，也發揮相當的功能。

服貿協議

服務貿易協議，本來是很單純的自由貿易協議之一，但由於種種因素，歷時將近三年仍未生效，令人扼腕。

時機不對

二〇一三年六月七日至九日，海基會林董事長率團赴大陸南通參訪與鄭立中會見，帶回消息，陸方擬於六月二十日至二十二日在上海舉行第九次會談。我一聽到這個時程，立即的反應這不是一個理想的時間點，因為時逢立法院於六月十三日至二十七日召開臨時會，其中一個重點法案，就是大陸機構來台設立辦事處，此時簽署新的協議，對法案的審查將會投下一個變數，因此最好稍微延後。當時副祕書長馬紹章亦有同樣看法，雖然我們提出此意見，但未被接受。在其一意孤行之下，果不其然，簽署服貿協議引起軒然大波，不僅造成爭議，也波及設立辦事處的法案，以致這兩個重要的法案與協議都被拖延下來。

內容待酌

此外，當時將金融業的開放亦列入服貿協議，我也認為沒有必要，因為二〇〇九年兩岸金融合作協議簽署後，雙方金融主管機關已可以備忘錄（Memorandum of Understanding, MOU）方式協議開放，雙方銀行分支機構的開放就是如此。服貿協議中陸方對我開放包括保險一項、銀行六項、證券八項，合起來唸正好是一六八（一路發），對我方金融機構進入大陸市場是一大利多；而我方對陸方開放僅九項，且相對衝擊比較少，但因為列入服貿協議，被立法院要求審議，而遲遲未能生效，因而失去金融業爭取登陸，先占大陸市場商機的時機，真是令人扼腕。

以上是服貿協議的兩個失策，但就其內容而言，對我方仍屬利多，而且有些陸方對我方開放是先於對港的開放，卻因部分反對聲音阻撓，導致不僅未能提前，反而落後於香港二〇一四年一月生效的CEPA 10補充協議（指第10個補充協議）。

經查陸港CEPA 10中，有十八項為服貿協議對我開放項目，包括電子商務網站持股五五%，經營旅行社、證券相關五項業務。顯然香港是後發先至，台灣則是錯失先機。如果對比二〇〇九年擬簽的避免雙重課稅協議，當時就是因為陸方認為給我方的條件不能優於香港，因而協議告吹；服貿協議，我方能爭取比香港先行，當然是一個重大突破，可惜由於不理性的反對致失先機，當然是我方一大損失。

文宣不足

二〇一三年二月我在參加高層會議中，就發言建議主管機關應趕快準備文宣，並進行對各界的溝通，包括媒體及相關產業。但是不知為何，直到六月快要簽署了都沒有動靜，一問之下，文宣計畫竟然是在簽署之後才開始動作。

六月二十日，協商代表團出發前往上海，第二天在上海浦東的東郊賓館簽署兩岸服務貿易協議，六月二十二日返台，過了兩三天仍未見主管機關對媒體之宣傳報導，而跑海陸兩會的記者急著想知道內容，於是我自己就專業所知，準備一份簡單的power point，六月二十六日在海基會舉行「吹風會」，依我們的慣例，正式舉行稱之為記者會，非正式的則採用大陸的吹風會一詞。經過我的簡單說明，記者們終於粗略了解並可發稿。

其實，此次的協商與以往不同，我根本沒參與服貿協議的實質談判，只是就我所知學理及實務說明而已。我自以為替政府做了一件好事，沒想到有人認為是踩了他的線，直到二〇一五年才有海基會同仁告訴我，陸委會某長官極不高興，認為我講了以後，他還有什麼可對媒體說明，也就因此結下梁子。但我這個人不懂複雜的官場奧妙，不自覺地陷入困境。

一些反對人士指稱服貿協議是「黑箱作業」，然而據我了解，經濟部等主管機關事前舉辦多次座談會向業者說明，也許有人有不同意見，這是民主社會的常態，但把這些聲音無限放大，甚至指控是黑箱祕密，實非台灣之福。回頭追溯，最關鍵的是沒做好國會、業界溝通，對照過去WTO及ECFA的順利通過，令人不勝唏噓。

後來服貿協議在立法院從備查被改為審議，在加上一些誤導的資訊，諸如「洗頭兼洗腦」、「小黃變小紅」等等，以及一些非理性的抗爭，導致二〇一四年三月爆發太陽花學運，一發不可收拾。

服貿與貨貿大不同

服貿與貨貿有一個最大的不同，貨貿是談關稅的減免，其結果是數字，降多少稅，一目了然。但是服貿若只比較其開放項目並不夠，還須再深入了解其內容，例如在服務貿易協議中，雙方互相開放旅行業之設立，僅就開放項目來看是相等的，然而其開放內容並不相同。陸方對我方是大幅開放，家數沒有限制，業務範圍除經營其境內旅遊外，亦可經營入境（in-bound）的旅遊，但我方開放對方的是限三家，且只能經營國內旅遊，而不能經營入出境的旅遊。

再舉電影為例，時間倒回二〇一〇年兩岸所簽的ＥＣＦＡ，除貨品降稅外，亦有部分服務業開放，其中一項就是相互進口電影片。台方限制進口大陸影片每年十部，陸方則對台灣影片進口數目毫無限制。但經我邀集電影業者深入座談後，發現內容完全不同，我方對於經營進口業者並無限制，審查天數為十四天，陸方卻僅有兩家具有進口影片資格，形成壟斷，而且審查天數長達三十天。

再就相關規費來看，台灣的規費包括審查費、執照費、進口關稅、營業稅等合計才三萬六千五百元台幣，然而陸方規定稅金、審片費、管理費等高達二十六萬餘人民幣，還要發行保證金及預付發行公司發行利潤等九十萬人民幣。雖說後者可退回，但是卻積壓了資金，何況純就費用而言，也比台灣貴達三十倍。我在二〇一一年第一次兩岸協議檢討會議中，特別提出此一議題要求討論。

會中陸方主談人尚未回應，即另有人插話，沒有針對我方質疑議題發言，引起一些爭議，好在大家為兩岸交流的目標一致，會議還是順利進行。務實地來說，大陸市場大，適合大陸人口味的電影票房都不錯，例如二〇一五年《我的少女時代》；但也有些影片，因時空環境不同而有不同感受，其票房就會有影響，例如二〇〇九年版的《海角七號》及《塞德克巴萊》等。

第九章

金融

開放「大陸出口、台灣押匯」

一九九〇年代初期，台商赴陸投資，大多是利用大陸低廉的土地及工資，生產勞力密集產品外銷；而大陸方面為了創匯，增加外匯收入，也多鼓勵外銷，雙方各取所需。台商有第二春發展機會，大陸則增加就業，並有稅收及外匯，可以說是互利互惠。

本來台商在台灣經營此種型態的出口，是可以辦理出口押匯，以取得周轉資金。但是在大陸，當時銀行業尚在起步，外匯嚴格管制，且人民幣處於貶值階段，因此台商不願在大陸押匯，以致無法在大陸取得資金融通。他們固然可以在香港辦理，但只能達到外匯收入留在海外目的，因台商在香港銀行多無往來信用紀錄，須支付高額手續費，而台商又有購買原料、零件及機設備的資金需求，因此台商建議，開放在台灣辦理押匯。

一九九一年，當時兩岸開放不久，政策上尚未開放到金融這一塊，而且一般人對簡體字陌生，單據一看就知道非台灣本地，廠商無法持大陸出口單據在台灣辦理押匯。因此我就請同仁準備資料，提報陸委會八月的委員會議討論，當時財政部及經濟部均持保留意見，但我以原來財經背景的基礎，深入分析以求釋疑。財政部的顧慮是，押匯後台灣公司的收入增加，會有所得稅的問題，我說這倒容易解決，因為廠商當然會計算香港押匯的成本及所得稅增加金額，選擇最有利的方式。而經濟部則認為這會計入台灣的出口（當時台灣出口甚多，台灣錢淹腳目），同時，外匯收入增加會造成台幣升值，我則解釋台商會這樣做，把外匯放在台灣，當然是在台灣有資金需求，例如購買設備、支付原料價款等，台商如果在香港押匯，還是會把錢再匯回台灣，徒增雙重手續費負擔，而且外匯也還是流入，影響匯率的結果不會改變。經過我的說明後，各機關終於捐棄成見，同意開放。這在當時是一件大事，首宗的金融開放，媒體報導不少，台商也額手稱慶，這項措施於十二月十六日開放實施。

開放之後，前半年使用者不多，於是又有人批評我多此一舉，但當訊息廣為流傳，台商知道此一管道後，押匯金額即迅速增加。本來中央銀行還有即時統計公布押匯金額，陸委會八十一年度年報一百零八頁還有統計圖。但後來金額太大，為免對方抗議，就停止公布統計數字，直到二〇一六年三月，過了四分之一個世紀，中央銀行還將之視為機密，對外不公開統計數字。因為從大陸角度看，這等於逃匯，沒有收到應有的外匯收入，這對當時大陸處於經濟起步、外匯欠缺階段，當然是不利的。

開放兩岸金融，支援實體經貿

兩岸經貿包含貿易與投資，在一九九〇年初即已啟動，然而金融部分毫無動靜，因為金融是高度管制的特許行業，而相互對比，這項服務業，台灣是強項，具有競爭優勢，因此陸方當然謹慎。另一方面，經貿業者由於沒有金融支援的後盾，常有頭寸不足的困擾，以日本的經驗而言，銀行金融業者常常先行，成為企業的幫手，所以我們積極要求協商此議題。

經過雙方主管機關的溝通後，兩岸於二〇〇九年四月簽署金融合作協議，協議中，雙方同意相互協助金融監督管理及貨幣管理，同時也對金融機構的相互合作及准入有初步的協商。但此協議只是架構性的原則，未涉及執行的細節。

金融業涵蓋銀行、保險及證券，台灣是全部歸屬在金融監督管理委員會，而大陸則是分屬三個獨立的監管單位，所以後來分別簽了三份了解備忘錄（MOU），而且署名單位是對等地使用「台灣方面金融監督管理機構代表」及「大陸方面……」，避開台灣與中國，甚至也不使用台灣地區與大陸地區的名稱，至於簽名人則是雙方官員，足見兩岸是善意務實的，也達到對等尊嚴的要求。二〇一二年八月三十一日，兩岸央行的首長也以這個模式，簽了兩岸貨幣清算合作備忘錄，署名則為「台灣方面貨幣管理機構代表……」。

這三份備忘錄，足以作為雙方金融開放的依據，例如據此雙方互相開放銀行設立分行，但是後來新的開放事項於二〇一三年列入《服務貿易協議》。雖然我在高層會議中發言表示不必列入，卻因種種原因，包括「衝業績」的開放項目數，以及正式列入文件不能反悔等，還是列入了服貿協議。然而服貿協議因反對人士不理性的杯葛，導致無法順利實施，而對我金融業有利的項目，例如開放人民幣一千億的人民幣海外合格機構投資者（Renminbi Qualified Foreign Institutional Investor, RQFII），就是台灣銀行業所吸收的三千億人民幣存款，原可利用此項開放，部分流回大陸投資運用，但因服貿未過，減少了運用出路，也就無法實現台北成為離岸人民幣中心的目標。

兩岸貨幣清算機制與人民幣存款

兩岸的貨幣主管機關——台灣的中央銀行與大陸的中國人民銀行，於二〇一二年八月三十一日簽署《海峽兩岸貨幣清算合作備忘錄》，建立台幣與人民幣的直接清算機制，這個機制的建立可避免以美元為中介的間接結匯，遭致雙重的手續費及匯率變動損失，開啟兩岸人民幣直接往來，可減少許多兌換成本及匯率變動風險，同時對於建立台灣為人民幣離岸中心也有助益。兩岸也分別指定台灣銀行上海分行及中國銀行台北分行為清算行。

台灣每年對大陸貿易順差多達六、七百億美元，另一方面又因台商赴陸投資支付了不少美元外匯，如果有清算機制，這些交易都可在台灣完成，台灣累積的人民幣多餘紺差額運用，也可成為世界各國，特別是東南亞各國的人民幣金融交易中心。

另一方面，台灣的中央銀行也於二〇一三年二月六日開放國內人民幣存款業務，許多銀行都在門口掛起紅布條，以高利吸收人民幣存款，其利率遠高於台幣存款利率，一時之間形成搶存人民幣的風潮，短短的二十個月，存款即高達三千億人民幣。由表11的統計可見，國內業務分行（Domestic Banking Unit, DBU）吸收之人民幣存款遠高於海外業務分行（Offshore Banking Unit, OBU），表示一般國人開始以人民幣作為理財工具。

銀行通常是靠資金融通借貸賺取利差，如果只吸收存款，而沒有放款等運用去路，是無法持續下去的，初期它們是透過ＯＢＵ對外（特別是台商）放款，但數量有限。而在二〇一三年的服貿協議中，我們爭取到可以ＲＱＦＩＩ身分，將台灣的人民

表 11 銀行業辦理人民幣業務統計表

	存款餘額小計（不含NCD）		
資料年月	DBU	OBU	合計
102年2月	96.30	293.81	390.11
102年12月	1,382.19	443.81	1,826.00
103年12月	2,471.10	551.57	3,022.67
104年12月	2,712.80	469.48	3,182.28
105年2月	2,728.68	427.94	3,156.62

資料來源：中央銀行

幣存款轉到大陸金融市場投資運用，其額度達一千億人民幣，是中國大陸對外允許中相對較高的額度。可惜因為服貿協議被反對人士無理卡關，平白喪失了台灣金融機構及台灣人民運用餘裕資金投資的機會。

最終各台灣銀行界吸收的人民幣資金，只有轉存到中國銀行台北分行，賺取微薄的利差。剛開始時，台灣吸收人民幣，支付利率三%，轉存利率為四%，可是中國銀行將資金轉回大陸，所賺的是台灣金融機構的好幾倍，台灣的稅務機關還曾討論，此項利潤應如何計算及列計為中國銀行台北分行的營收，而加以徵稅。

不僅如此，台灣的人民幣市場無法活絡起來，也無法達到我們想建立的人民幣離岸中心目標，白費了談判人員嘔心瀝血的努力，實在令人惋惜。

開放ＴＤＲ及海外台商回台上市

台灣資本市場資金供給充裕，外資又積極投資，國際化程度高，股票上市成本又低，為了給台商多一種融資選擇，也為了活絡台灣的資本市場，證券主管機關金管會證期局及台灣證券交易所，於一九八九年開放台灣存託憑證（Taiwan Deposit Receipt, TDR），也在二〇〇九年開放海外台商回台第一上市，也就是所謂「F」股。這些多元化的籌資管道，對於企業、投資人及資本市場發展都是有益的。

所謂的ＴＤＲ，就是在海外其他資本市場已上市的股票，拿回台灣的金融機構存託，並發憑證（稱之為第二上市），據以在市場交易。它既增加了資本市場的證券供給來源，也給台灣的投資者一個選購績優股的機會；但這種作法也有反向的，也就是拿台灣的股票到美國發行美國存託憑證（American Deposit Receipt, ADR）。台灣一些大型上市公司如台積電、聯電等，均在美國有ＡＤＲ，當然目前還沒有在大陸發行，將來如果有，就可稱之為ＣＤＲ。

目前台商在台發行ＴＤＲ的公司已有二十一家，二〇一五年的交易額達新台幣二二二億元，對台灣資本市場及台灣投資人均有助益。TDR可以增加台商企業財務規畫彈性，提升企業與股東財務規畫效率，亦可成為其他金融商品的標的，例如TDR發行人得發行以TDR為轉換或履行認股權標的的轉換公司債，或附認股權公司債。

至於所謂的F股，是指海外的公司直接回台第一上市。上市是企業在資本市場取得融資的重要管道，而且也是公開公司吸引人才、留用人才的重要招牌。企業可以選不同的上市地點，通常台資相關企業選的上市地點，有台灣、香港、新加坡及大陸的上海或深圳，極少選在美國上市。

究竟要選擇哪裡上市，考慮的因素頗多，第一是本益比（P／E ratio），平均本益比愈高，表示愈能賣得高價，但這不是唯一的因素。其次要考慮周轉率，如果周轉率低，交易清淡，那就失去上市交易的目的。第三要考慮的是上市法規，包括公司治理及財報處理、資訊公告等規定。第四是上市的成本及審核所需時間，因為上市須經證券商輔導，建立內部稽核及控制制度，又需律師及會計師的簽證輔導，這些費用在國際化程度愈高的地方，成本也愈高。最後，也要考慮各地交易所的產業特性，例如台灣股市，電子業占大宗，香港則多為金融及地產。

海外台商會選擇回台第一上市，其實也是愛台的表現，因為一家公司的國籍，是以其上市地點決定，台商可在資本市場募資，台灣投資人也可分享其經營成果。目前台商F股上市的有七十二家。

此外，台商也有部分選擇大陸上市，成為大陸純本土的公司，但是大陸資本市場不如台灣的公開透明，也常受政策甚至政治因素干擾，所以股價波動幅度極大。不過變身為大陸本土企業也有好處，因為大陸民眾愛國的民族意識高漲，也許可以反映到股價上。

寶島債

證券櫃檯買賣中心於二〇〇五年實施「國際債券櫃檯買賣制度」，初期以美元及澳幣為主要計價債券，稱之為國際債券（International Bond）。其後也開放人民幣計價之債券，稱之為寶島債（Formosa Bond），第一檔是中信銀行於二〇一三年三月十二日掛牌人民幣十億債券，產業界的第一檔則是遠東新世紀二〇一三年五月十六日掛牌人民幣五億債券。債券市場本來多是法人機構參加，但台灣則是自然人也積極參與。目前寶島債流通餘額為六百一十五億人民幣，請見表12統計表。

表 12 寶島債券（CNY）市場發行餘額表

單位：人民幣億元

寶島債券	陸銀			非陸銀			合計	
流通餘額	金額	比例	檔數	金額	比例	檔數	金額	檔數
2013	67.00	63%	7	39	37%	6	106.00	13
2014	230.00	73%	29	84	27%	15	314.00	44
2015	250.00	41%	32	365.72	59%	64	615.72	96
2016.02	250.00	41%	32	365.72	59%	64	615.72	96

資料來源：櫃檯買賣中心

第十章

觀光、食安、智財及其他

開放陸客來台

二〇〇八年以後，兩岸的協商與一九九三年完全不同，一九九三年時僅有海基會、海協會的人員參加，二〇〇八年之後則有官員參加，原因很簡單，議題範圍既廣又涉及專業，官員參加才能提高效率。每次協商都會由官員進行多輪的溝通，待技術性問題解決後，才交由海基會、海協會討論政策性問題，以及敲定協議文本，移交兩會後則召開兩次預備性磋商會議，第一次在客場，第二次在主場，均由雙方副首長主持。二〇〇八年第一次江陳會談，因事前已有充分的溝通協調，所以直接進入第二次預備性磋商，也很快就達成共識，而於六月十三日簽署大陸觀光客來台及兩岸包機的協議。

觀光客來台自二〇〇八年七月開始實施，初期只限團客，直到二〇一一年才開放自由行（大陸稱之為個人遊），來台旅客逐年增加，對於兩岸人民的相互了解助益甚大，也對台灣的觀光產業鏈，包括航空業、旅行社、遊覽車、旅館、餐飲業、特產禮品店等均產生正面效益。以二〇一五年為例，一年來台的陸客即超過四百萬人（見表13）。有一點很特別的是，我方觀光局統計的陸客人數都比陸方公布的數字為多，因

表13 2008－2015年來台旅客人數統計表

新台幣：億元

	外籍人士來台人數	大陸地區人數	比例	團進團出人數	自由行人數	陸客帶來外匯收入
2008年7月	3,845,187	329,204	8.6%	55,107	-	105
2009年	4,395,004	972,123	22.1%	581,044	-	598
2010年	5,567,277	1,630,735	29.3%	1,164,302	-	973
2011年	6,087,484	1,784,185	29.3%	1,255,097	35,836	1,122
2012年	7,311,470	2,586,428	35.4%	1,686,599	333,158	1,528
2013年	8,016,280	2,874,702	35.9%	1,655,825	607,810	1,646
2014年	9,910,204	3,987,152	40.2%	2,063,792	1,329,554	2,098
2015年	10,439,785	4,184,102	40.1%	1,923,525	1,513,900	2,247

註：團客加自由行為來台觀光人數，其餘為公務或探親人數。比例為陸客占觀光客比率。

*資料來源：交通部觀光局，見2016年3月28日《旺報》A7版。

為公務或探親等其他類別的人數，陸方是不算觀光客的。另據觀光局統計，二〇一六年三月，陸客每人平均每日購物費為一百二十二・七八美元，遠高於日本觀光客的四十・〇六美元。當然對外匯收入及本地消費支出都有貢獻。

增列食安議題

時間回到二〇〇八年九月，那是中秋連假前一天，週五的晚上，台北下著陣雨，我正坐在車上前往永康街，參加一個朋友的聚會。在車上接到海協會副會長鄭立中的電話，他跟我提了紐西蘭（陸方稱新西蘭）的一個奶粉商名號，也提到出口到台灣，但可能因為天候的關係聽得不清楚，我請他稍後再聯絡。那天由於天雨加上假期開始，路上塞車嚴重，我到餐廳時已是晚間七點半，我與鄭立中再聯絡，大致了解一些摻了三聚氰胺的奶粉進口到台灣，但電話仍不清楚，於是我告訴他，立即回家再聯絡。八點多再次聯絡，總算了解，他是通報有不肖商人，將摻了三聚氰胺的毒奶粉出口到台灣，要我們注意取締防範。

當時已是週五的晚上，如何找人，該找誰呢？首先我想到衛生單位，但沒有聯絡上，後來我一想，不要從食品主管機關去追，而改由經濟部國際貿易局主管進出口的機關去查，正好海基會副祕書長高文誠曾隨同江丙坤董事長在經濟部服務過，應該還有人脈關係，於是打了通電話給他。他立即找到國貿局副局長徐純芳，當即查出進口商的儲存倉庫在桃園龜山，於是立刻會同桃園縣相關機關前往查扣，當天午夜前即執行完畢。從我了解情況至完成查扣，只花了四小時，翌日這個事件就出現在新聞報導中。我在想，好在我們幾個人敏感度夠，否則如果等放假完到週二，一定會被輿論及社會各界罵慘了。

由於發生了這麼嚴重的食安事件，於是我方討論後，認為二〇〇八年十一月在台北的第二次會談應該增列此一議題。對方答覆原定議題無此項，且時間緊迫，恐無法完成，我則一再強烈要求，應符合社會期望，先訂協議，不足之處日後再補充，終於在九月底獲對方同意，於是兩岸衛生單位快馬加鞭，日夜趕工協商談判，在一個月內完成，並提交十一月初的第二次會談簽署。

食品安全協議簽署後，雙方互相通報訊息，對於民眾食安及保健產生效益。但後來台灣也出現不肖商人唯利是圖的食安事件，包括二〇一一年塑化劑，二〇一三年胖達人使用人工香料、大統混油，二〇一四年頂新劣質豬油等，大大打擊了台灣食品的名聲，尤其是在海外的聲譽。雖然大陸食安事件不會比我們少，但大陸食安法規及罰則遠比台灣嚴格，我們沒有資格再批評大陸的食安問題。主管機關應痛定思痛，嚴訂法規，嚴格執法，才能挽救台灣食品的聲譽。相對於大陸的食品，台灣產品不能靠價格競爭，只能憑優良品質來吸引顧客。

海基會也賣酒？智慧財產權

商人的敏感度極高，眼見二〇〇八年以來，兩岸海基會與海協會的協商經常成為熱門焦點新聞，大陸安徽的酒商就動腦筋，於二〇〇九年初以海基為名作為商標，販售酒類產品。海基會知道後，趕快去函海協會要求協調大陸主管機關不准註冊，否則海基會不僅負責兩岸交流，還兼賣酒，必然鬧出笑話。

此一話題又延伸到商標使用的問題，一九九〇年代初期，兩岸經貿交流剛剛開始，台灣許多著名商標就被人在大陸搶先登記註冊，由於陸方官員對台灣商品不熟，且大陸法規尚在起步，這種搶先註冊行為，往往也獲得許可。而台灣原先的商標持有人進入大陸時，發現已被註冊，有些還花錢買回自己的商標，據說食品業「統一」就是一例。

後來我們了解，搶先註冊商標的人有三類，第一類根本就是自己台灣人，他們認為這些台灣著名商標產品未來必然會銷往大陸，所以先下手為強；第二類是香港人，因為他們與台灣往來方便，也得知一些品牌名稱；第三類才是大陸人。

這種搶註冊行為極不合理，所以我們就跟對方交涉，經過多次研商後，得到一個結論：已經在台灣使用多年的著名商標，可以舉證申訴，請求大陸商標局撤銷搶先註冊的商標。

而兩岸之間對於商標品稱，後來又發生另一個爭議，因為依大陸規定，地名不得作為商標，於是著名的台灣啤酒及金門高粱，都不能註冊，但我們的業者反應很快，立刻舉出青島啤酒為何可以？陸方即啞口無言，終於准許這兩個產品註冊商標。金門高粱因為品質優良，在大陸的價格比台灣高出一倍以上，結果導致偽劣假酒盛行，抓不勝抓，金酒公司只好從設計包裝防偽著手，並到大陸設立專賣據點。

還有更妙的是，廈門與金門有小三通往來，船程只需半小時，票價也不貴，因此有些廈門人就到金門旅遊，順便帶幾瓶金門高粱回去，高價轉售，結果等於免費遊金門。

由於商標的爭議，引發兩岸智慧財產權（大陸稱「知識產權」）的討論，經由雙方主管機關的協商，終於在二〇一〇年六月，與ＥＣＦＡ同時，簽署《智慧財產權保護合作協議》。在此還有一事值得一提，我方使用的著名商標，其意義與大陸並不相同，大陸稱全國性的為「馳名商標」，受到國家工商行政管理總局商標局的保護，但「著名商標」則為地方性的，保護範圍當然就小。台商已有金門高粱、捷安特、自然美、法藍瓷、85度C等三十種品牌申請，獲得馳名商標的稱號。

共同打擊犯罪

第三次會談是二〇〇九年四月二十六日在南京舉行，最大的意義是跳脫經貿範圍，談到共同打擊犯罪及司法互助協議（以下簡稱共打協議）。當時一些罪犯把大陸當作躲避藏匿的天堂，兩岸電信詐欺案件也相當猖獗，所以我們主張應就此議題協商，並將刑事犯遣返。

由於共打協議雷厲風行地執行，電信詐欺犯就轉移地點，初期選廣西的南寧。當時我就納悶，南寧算是兩岸交流的三線以後城市，為何會有這麼多旅客？等到在南寧嚴格逮捕時，這些罪犯又轉移到東南亞，多國警方掃蕩，抓到分屬兩岸的罪犯，雙方達成默契各自遣回。二〇一六年詐欺犯又轉到非洲肯亞，在肯亞逮捕的我方罪犯，陸方派專機送回大陸，兩岸為此展開交涉，我方主張這些人應回台受審，但陸方認為受害者是大陸人，他們應有管轄權，另對我方檢察、司法單位常縱放這些嫌犯，且贓款又無法追回，表示不滿，而不願送回。另一個沒說的原因，恐怕也跟台灣政黨輪替、兩岸關係緊張有關。

此外，依據法務部統計，自二〇〇九年六月協議生效，迄二〇一六年三月，破獲八十六起詐欺案，逮捕嫌犯六千八百七十一人。陸委會二〇一六年五月赴立法院的報告指出，二〇〇九年國人受害金額達一百零二・七億元，而二〇一五年已降至三十五・一七億元，少了約三分之二。由於國人這樣的親身體驗，對於電信詐欺也是恨得牙癢癢的，真希望執法部門能提出具體辦法整治。台灣是出口大國，約排名全世界十幾名，沒想到連詐欺也「出口」，恐怕不是一件光彩的事。

由易入難的協商

兩岸的協商會談在第六次以後，就進入難的部分，一則協商間隔時間拉長，再則協商的議題減少。第六次在台北的會談，就只簽了《海峽兩岸醫藥衛生合作協議》，這個協議為兩岸醫藥及生物科技合作奠立基礎，但願真能合作，針對華人體質，以兩岸科技水準加上大陸廣大的人口，進行臨床試驗，一定可以加速研發，取得成果。第七次在天津舉行會談，原本要簽台商投資保障協議，但因雙方對於人身安全希望能有更周全的作法，所以沒正式簽署協議，而改為一個共同意見，只簽了《海峽兩岸核電安全合作協議》。二〇一二年以後，每年的會談也由兩次減為一次。

醫藥衛生合作協議

兩岸醫學中心的合作

兩岸於二〇一〇年十二月二十一日簽署《海峽兩岸醫藥衛生合作協議》，其中第十四條有關臨床試驗合作，同意「在符合臨床試驗管理規範標準下，以減少重複試驗為目標，優先以試點及專案方式，積極推動兩岸臨床試驗及醫藥品研發合作，並在此基礎上，探討逐步接受雙方執行的結果」。

兩岸同屬中華民族，體質相同，藥品試驗的結果應該可以通用，而大陸人口眾多，臨床試驗病例可以加快速度。因此，如果雙方能合作，當是互利互惠的。台北榮總副院長何善台請我協助，二〇一三年經我與鄭立中副會長聯繫，順利促成兩岸各四家醫學中心，包括大陸的北京協和醫院、北京大學第一醫院、上海交通大學醫學院附屬瑞金醫院、上海復旦大學附屬中山醫院等，以及台灣的台北榮總、台大醫院、長庚醫院、三總醫院等，相互參訪，並簽署4＋4ＭＯＵ。後來再應何善台的請求，二〇一五年六月，當我走訪北京，當面向國台辦主任張志軍提議，張主任也劍及履及，立即交辦，協調大陸有關單位，促成二〇一五年十二月十二日及二〇一六年三月二日兩岸再次互訪，同意成立兩岸人體試驗委員會及臨床試驗委員會。

二〇一六年四月二十六日，大陸國家食品藥物監管總局（ＣＦＤＡ）正式宣布，承認台北榮總、三總、台大、林口長庚等四家醫院所執行的藥物臨床試驗數據可用於大陸的藥證申請。台灣食品藥物署（ＴＦＤＡ）亦相對承認前述四家大陸醫院的臨床試驗數據。這項「４＋４」的兩岸臨床試驗中心合作計畫正式啟動，也是兩岸生技產業近年最大突破。未來台灣生技新藥企業將可減少在兩岸重複執行臨床試驗，縮短新藥上市時程和節省開發成本，對台灣成為亞太新藥研發樞紐及臨床試驗中心，可以發揮極大優勢。

國光生技疫苗人體試驗

國光生技是台灣一家重要的生技公司，由前衛生署署長詹啟賢擔任董事長，它們生產的流感疫苗，在國際間也獲認證。

二〇一三年它們想前進大陸，向大陸主管機關申請在廣西進行人體試驗，原定十二月初進行，但它們提出申請後遲遲未獲回應。由於流感有季節性，於是我就透過海協會等單位說明，如果拖過這個時間就要再等一年，希望基於發展兩岸生技產業之立場積極協助。陸方有關單位終於快馬加鞭，同意人體試驗，雖比原定時間晚了一個星期，但還不至於影響整個計畫。

醫療開放不對等

二〇〇九年南京第三次會談後，我們參觀了南京的明碁醫院，醫院係屬服務業，當時尚未開放獨資經營，而是由明碁公司與當地業者以七比三的比例合資。我們參觀時發現其設備相當先進，不亞於台灣的醫學中心。但是合資經營，總涉及雙方理念和各方面配合的問題，後來經由多次協商包括ECFA，總算逐步開放台資獨資醫院，並放寬限制，讓台灣持有專科主治醫師執照者，可以在大陸執業。可是另一方面，台灣並未開放大陸醫院來台，當然也不同意大陸醫師來台看診，而在開放承認大陸部分高教學歷時，排除所有的醫科，甚至連中醫也不開放，因此，許多前往大陸留學念中醫的畢業生，只能流浪在大陸各地，自謀出路。不過台灣教育部不承認海外醫學學歷，不是只針對大陸，其他如菲律賓、波蘭、南美洲等地的學歷亦不承認。

然而大陸部分重點醫院的水準並不差，尤其是在肝、腎移植，手術案例極多，台灣不少人前往等候移植，甚至私下透過海基會等單位要求協助。其中成功案例固然有一些，但也有不少人失敗。至於移植器官的來源，早期傳說是以死刑犯為多，但無法證實，而陸方的說法是早已嚴格限制。

台商子女教育

國際企業對外投資，目的地的選擇，當然首先要考慮當地的經濟環境及企業經營條件，其評估項目甚多，不在本書討論範圍。此外，一些非經濟因素，諸如生活環境、醫療設施、子女教育等也常須納入評估。海外投資時，通常母公司都會派遣幹部前往，如果攜家帶眷為使其安心工作，需要有適當的配套及因應。

以子女教育而言，在台北，我們可看到美國學校、日僑學校、歐洲學校等，這是讓外派人員安心工作、全力衝刺事業的重要條件。同樣的道理，台商子女在大陸的教育也須注意，他們關心的是如果工作輪調回國，子女的教育能否銜接，多數台商希望他們的子女身在大陸卻如處台灣。

珠三角是台商最早進入大陸的地區，一九九九年東莞台商協會就體認到這個需求，成立台商學校籌備委員會。二〇〇〇年，當地許多台商熱心捐資興學，在台登記成為公益性質的財團法人，同年九月學校正式開學，聘請台灣的資深教育家擔任校長，師資均為合格教師，由台籍教師擔任導師及科任教師，一些才藝課程則聘請當地師資。

在大陸興學，比較麻煩的是要兩岸的教育當局許可。當時陸委會出面協調教育部准予備案，並於二〇〇五年同意台籍合格教師加入公教人員保險，而且比照台灣私校，補助學生每人每年三萬元台幣，降低私人興學辦校沉重的成本負擔，也因而減少學生家長的學費負擔。

美中不足的是，他們使用台灣運去的教材，陸方主管單位以政治理由加以審批。其實這些教材只供台商子女之用，並不會流通在外，大陸當局不必緊張，此事雖經海基會反映，陸方仍未鬆口。

為了補救教材審批刪除後之不足，也為了讓這些台商子女對台灣多一份認識，海基會每年辦理台商子女夏令營，成效良好。台灣高中及大學升學的學力測驗，也到大陸台校設立考場，方便這些台商子女選擇回台升學。

另一方面，也為了慰勞台籍教師，遠赴他鄉為台灣人的下一代從事百年樹人的教育工作，海基會自二〇一〇年起也在台灣辦理台校教職員春節聯誼，成為傳統年節的團爐團聚。

東莞台校，由幼稚園到高中職，十五個年級全部班別俱全，並且是住宿型學校，除了學習知識還兼及生活教育，這在台灣的學校很罕見，學校的設備也不輸台灣，成為海外辦學典範。後來崑山及上海也分別成立台校，以滿足台商對子女教育的需求。

處理太平洋百貨成都店租金案

太平洋百貨很早就在成都開店營業，我二〇〇二年曾隨著中華民國管理科學學會組成的「大西部開發考察團」去參觀過。那個年代，大陸政府為了均衡東西部的經濟發展，提出一個大西部開發計畫，提供誘因，鼓勵前往西部投資，此一計畫究竟有無成效，好像討論得不多。二〇一三至二〇一五年，大陸又提出所謂的「一帶一路」，即「絲綢之路經濟帶」與「海上絲綢之路」，固然有其戰略意義與企圖，不過應該也是部分取代原來的大西部開發計畫。

太平洋百貨春熙店，位在成都著名的行人徒步區轉角處，地點極佳，租用場所開設百貨，人流極多，業績良好。二〇〇二年時該店主管告訴我一件有趣的事，台灣的百貨公司一樓是賣化妝精品，但當時成都最暢銷的卻是女鞋，所以放在一樓。

二〇〇八年前後，太平洋百貨的成都店與業主發生租金爭議，他們與業主簽約，年付租金兩千六百萬人民幣，但是後來業主轉手幾次，轉到深圳的一名業主，也許因為他自己開百貨公司，想進入成都市場使用那個黃金地段，所以用提高租金的方式逼退太平洋百貨，一開口就將租金提高五倍到一億三千萬元。

這樣的漲法，租方當然不依，而業主竟然僱工私自斷水斷電。海基會接到申訴，立即去函海協會要求協助處理，陸方當然也認為私自斷水斷電不合法也不合理，不過他們私下又說附近的租金也都是在類似水準。是否如此，我無法查證，可是這樣漲幅實在太高，於是海基會多次去函海協會協商，但進展不大。二〇一三年，我利用率媒體記者團訪問內蒙古首府呼和浩特的機會，趁著鄭立中副會長前來接風場合，當著記者面前再提此案，並稱若不能妥善解決，勢必會影響台商的投資意願。鄭即回應一定努力協調，這是借助傳播媒體發揮協商的影響力。

鄭立中這個人做事不張揚，但是劍及履及，後來我聽國台辦協調局局長王剛告訴我，當天晚上，鄭就去電王，要求立刻協調，而王也專程跑了成都一趟，終於協調雙方各讓一步，雖然稱不上滿意，但尚可接受，總算圓滿落幕。由這個例子可知，因為大陸房地產價格飆漲，鄭告訴我，台商應注意「商務不動產」的發展，避免類似情況發生。

陸生來台

為了促使兩岸年輕人及早相互認識理解、促進兩岸學術界交流，政府早在一九九九年就訂定辦法，開放大陸學者及學生來台，那時即有大陸學生來台短期修課，也有大陸教授來台講課，甚至有大陸學者來台蹲點（即短期駐在台灣）研究。

二〇一一年政府訂定辦法，開放陸生來台修讀學位，並採認大陸四十一所高校（大學）學歷，大陸稱之為九八五工程（重點大學），但當時反對黨強力阻撓，要求訂定「三限六不」。「三限」就是限校、限量、限領域，「六不」就是不加分、不影響台生權益、不給獎助學金、不得打工、不可考證照及不得報考公職人員。儘管如此，當年仍有約八百位學生來台攻讀學位。

二〇一三年採認學歷的學校，擴大為一百一十一所大學，即大陸所稱的二一一工程（二十一世紀一百所大學進入世界一流水準）。同時二〇一三年又開放「專升本」（即大陸專校生來台就讀二年制學士班），並且開放了一百九十一所專科學校。不過這個措施的效果不盡理想，可能是訊息並未廣為周知，也可能是專科生有更多選擇。歷年陸生來台人數統計表見表14，迄今每年仍在成長中，如把短期研修生也算入，則來台陸生應已超過四萬人。

無論如何，這些學生來台後，為台灣的大學注入一股力量，略舉其效應如下：

一、一般而言，陸生比本地生更認真向學，可以激發本地生的學習動機。

二、研究所的陸生，對於教師研究計畫的

表 14　歷年陸生來台人數統計表

學年度	博士班	碩士班	學士班	專升本	新生	在學
100	23	181	724		928	928
101	25	265	661		951	1864
102	71	467	1209	75	1822	3,554
103	141	585	1760	67	2553	5,881
104	178	769	1967	105	3019	7,813

註：本表未包括短期研修生，據估計，此類學生應已超過三萬人。

資料來源：教育部

進行，提供相當的助力。

三、陸生的加入，緩解台灣因少子化而導致學生缺額的危機。

陸生來台目前最大的問題有二，一是不得有獎助學金列入政府預算，二是不得參加健保。前者還好解決，各校可以透過校友及社會的力量，募集基金發放獎學金。但不得參加健保，則增加學生醫療需求的心理負擔，一般而言，學生較為年輕，身強力壯，醫療需求不會太多，我方不准陸生投保，卻准許外籍生投保，顯然是一種歧視。有人說陸生投保會增加健保負擔，但據健保署統計，外籍生使用健保的支出是低於保費收入的；另有人說權利義務應相對等，陸生未繳稅，故不得享有此權益，如果此說法成立，外籍生亦應不得納保才是。

總之，以台灣赴外留學生而言，他們在國外留學的經驗，往往會影響他們對於當地社會的認知與印象，甚至也會影響雙邊關係。同樣的，陸生來台對於兩岸關係應該是正面有利的，大家應該放寬心胸，以更大的格局來對待陸生。上一代兩岸的爭議，就留時間給他們下一代解決吧！

協助河南鄭州昇達經貿管理學院轉設獨立

二〇一〇年四月，我率領一支文教及博物館參訪團到河南、陝西訪問，因為那裡沿線都是中原古文明的發祥地。首站我們造訪了河南鄭州昇達經貿管理學院。

該校係由台北育達商職創辦人王廣亞博士，以他在台北的辦學經驗推廣到大陸所成立的私立大學，大陸稱為「民辦高校」。王創辦人祖籍河南省鞏義市，九〇年代初期返鄉探親，深感河南教育資源匱乏，決心創辦大學回饋家鄉，造福桑梓。唯囿於當時的教育法令，無法獨立設校，遂於一九九三年成立昇達經貿管理學院，掛名於鄭州大學之下運作，接受鄭州大學指導與監督，並須定期繳納管理費。該校經過十七年的戮力經營，校園規模閎壯，學生日眾，辦學績效廣獲各界肯定，亟盼獲得大陸教育部核准成為獨立之民辦院校。當時我立即向陪同的海協會副會長王富卿表示，希望協調中央及省教育主管單位協助昇達轉設獨立，他也回應將會積極推動。有了此一溝通平台，昇達轉設獨立露出曙光，正式進入籌備階段。嗣後，更在王創辦人指派之王育文（二〇一〇年起任台灣育達科技大學董事長）代表南北奔波及折衝樽俎下，終於促成這件美事。該校於二〇一一年八月一日正式更名為河南鄭州昇達經貿管理學院，獨立後之昇達，成為大陸地區第一位由台籍人士所創辦的獨立高校。

鄭立中走完台灣全部鄉鎮區

鄭立中副會長在二〇〇〇年左右擔任廈門市委書記時就來過台灣，後來擔任國台辦常務副主任及海協會常務副會長，更經常來台，包括協商及參訪，幾乎走遍所有縣屬鄉鎮及直轄市所屬各區。據了解，他在辦公室有張台灣地圖，他把走過的地方插旗，而且每到訪一處，必留影為證。二〇一三年時他告訴我，他連綠島、蘭嶼、東引等偏遠離島都去過，台灣本島只缺桃園縣復興鄉，於是我說，二〇一三年十二月他來台進行第五次經合會後，我來安排他走一趟。當天開幕式我們兩人開場後，由兩岸經濟部及商務部人員續談，我和他就出發到復興鄉公所，在鄉公所門牌前留影，也參觀了角板山總統行館。

隨後我們前往拉拉山，當晚住在民宿，大陸的朋友對台灣民宿讚不絕口，由於海拔兩千多公尺，夜間溫度極低，主人還備了電毯，所以我睡得還好。但第二天早上，他竟然告訴我，他因為冷得發抖，就把鄰床的棉被拎來蓋，他其實是在說玩笑話，因為電毯有電線連著，怎麼可能拉到另一張床上。因為我們多年協商互訪，大家也就經常開玩笑，他這個人相當直率，很好相處。協商交涉的事，能夠處理的絕不推拖，不能做的也會說明原因。

完成了來台趴趴走的行程，他跟我說，他還有一個偏遠離島的鄉沒去過，他指的是離島中的離島烏坵，它是歸金門管轄，但航程還不如從福建去比較近。他邀我搭船從福建莆田去，但烏坵屬軍管區，沒有多少居民，當然不可能答應，如果將來兩岸完全和解，我想他會走這一趟，完成心願。

什麼是計畫經濟？

一九八九年十一月九日，東柏林隔離西柏林的圍牆開放，隨後導致「蘇東坡浪潮」（指蘇聯、東歐等共產國家政權紛紛垮台）。

我於一九九〇年五月奉派去德國考察。兩德的統一，西德付出不小代價，就以貨幣來說，一九九〇年七月一日東西德貨幣統一，原本一西馬克換三東馬克，但統一後允許東德人民在一定金額內，以一比一換西馬克。此外東德的建設遠不如西德，於是西德又須支付大筆基礎建設的投資經費，結果是西德人民要加稅，以致怨聲載道；東德方面則受到西方自由民主的衝擊，覺得失去社會安定。

那時候，我們由西柏林通過查理檢查哨（Check point Charlie），進入東柏林後，眼前的景象讓我大吃一驚，東柏林城區主要道路相當寬敞，但是街上跑的汽車，雖然也類似西德的國民車——金龜車，但破舊程度完全不能比，而且大型的政府機關建築，竟然還留有兩次世界大戰時的彈孔。

我是學經濟的，可是對於「計畫經濟」一詞究竟指什麼，只是一知半解，直到東柏林的翻譯人員告訴我，東德的民眾如想買車，要在兒童時期就去登記，到成年時期才能買到車，因為汽車是計畫生產，每年固定投入一定的原料、零配件，生產一定數量的汽車，不會因為市場需求而增加產量。我當時計算了一下，當時東德每人所得高於台灣，台灣都已經進入擁有私家車階段，東德人民卻還在排隊買車。這對於成長在市場經濟體制下的人，一定很難理解。

一九九〇年兩德正式統一，統一二十五年後，二〇一五年柏林研究所（Berlin Institute）的研究，顯示東西德民心差異仍大，可見統一並非易事，文化與價值觀的差異，需要相當長的時間才能融合。

中國大陸過去也是實施計畫經濟，吃飯要有糧票即為一例。它們設立「國家計畫委員會」（簡稱計委），早期是「指令性計畫」，意即具有強制性，後來逐漸修改為指導性計畫。如今計委已改制為「國家發展及改革委員會」（簡稱發改委），目前仍為具有規模、權力極大的機關，重大產業發展計畫要經過其審批。我在第七次會談時曾想談產業分工合作，那時有商務部及工業及信息產業部（簡稱工信部）的人出席，但得到的回應是發改委不在場無法討論，由此足見其影響力。

第十一章

江董留給國家的重要有形資產

成為大直地標的海基會大樓

海基會原本的辦公處所位於民生東路一棟商業大樓裡，出入人員比較複雜，門禁也難管控，加上已使用二十餘年，設備也老舊，且地毯即使清洗也難乾淨。而海基會經常接待大陸及海外訪客，以那樣的設備，實在有失國家顏面，所以二〇〇八年江董事長到任後，即立下搬遷新辦公室的心願。他以個人過去長久在經貿領域工作認識的企業家為對象，積極勸募基金，初期即達到五億元之譜，後又陸續得到承諾捐款六億餘元。江董事長這種無私的精神讓人敬佩。

於是我們的事務單位就積極到處尋找新址，然而以那樣的基金數額，實在難覓理想的辦公處所，於是又動腦筋，想到國防部已在大直興建新營區，原有的博愛大樓應會空出，但是一問之下，法務部早已捷足先登。與此同時，我們也陳報主管機關、行政院，甚至總統府等，它們也認知確有此需求，並指示請國防部協助。

最先，我們看上的是位於仁愛路、復興南路口的空軍官兵活動中心，雖然當時國防部長高華柱初步同意，但空軍總司令不鬆口，因此只好作罷。國防部又幫我們設想，找到三個地塊，一塊在木柵保儀路，但我們認為離市區太遠且沒有捷運，對於前來洽公民眾不便；另一塊在建國南路，但是在巷弄內，對於搭乘中大巴前來的大陸訪問團並不方便；最後一塊位於大直，是原來海軍總司令宋長志的官邸，面積一千多坪，依都市計畫，是住商混合用地，容積率可興建約五千坪的大樓，正好符合海基會的需求，加上地點鄰近捷運文湖線大直站出口，就立即看上這塊地。那時江董事長正率團訪問大陸，我就打了通電話徵詢，他一聽我描述的地點，二話不說，指示立刻訂下來。在此我要感謝高華柱率領國防部全力協助，把這塊離大直國防部不遠的精華地給了我們。

沒想到用地取得的行政程序還頗複雜，先是國防部要繳回財政部國有財產局，再由海基會向國產局申請，可是這時問題來了，海基會雖是政府指定成立處理公權力事務的機構，但形式上它是民間團體，並不能撥用，只能租用，因此，每年還要依地價繳納租金。我這才體會到我們的法規是多麼死板，海基會幾乎就是官方機構，預算也有相當部分是政府補助的，於是一手拿補助，另一手再將租金繳回政府。心想政府機關為何不能瘦身，這樣繁雜的手續當然要有人力處理，再另舉一例，政府的人事與主計是獨立機關，要求的手續也常折騰許多業務人員，我曾在公私立大學服務過，私校的這些人力就遠比公校精簡，照樣能夠完成任務。

文創設計

用地取得後，我們就公告建築設計比案，當時有兩家來參加。一家的設計比較傳統，另一家的設計則較新穎，且能代表海基會的精神，換言之，把一個生硬的建築，賦予文創的意義：大廳的天燈造型，象徵祈求兩岸和平；大樓由空中俯瞰又像一艘木船，象徵唐山過台灣；大廳內的牆壁，原設計為木質裝潢，但我認為經玻璃帷幕陽光照射，不僅易變質，亦不易維護，我要求再思考，後來選定玻璃馬賽克，不僅便於清洗，還可以拼出圖形，我們就拼了玉山、阿里山、蝴蝶蘭、達悟族歌舞等，彰顯台灣特色；外牆的格柵則拼成台灣本土樹種的樟樹，夜間並有螢火蟲般之ＬＥＤ燈光設計，倡導生態保育；很特別的是，正面半弧形的設計，正好避開門前複雜的路型（依民俗是房屋要避路衝），因此評選委員會決定了後者。

工程招標採統包方式

得標的是名聲卓著的冠德建設，該公司董事長馬玉山下令，不計成本全力配合趕工。除了上述的外型，我們同時要求符合世界潮流綠建築（ＬＥＥＤ）的標準，包括雨水回收利用、太陽能板、隔熱玻璃（LOW-E）及通風與節能空調等，不過由於預算限制，只能取得銀級的綠建築標章。

正式動工開挖地下室是在二〇一一年春節後，海基會是個準行政機關，員工並無土木工程專長，幸好那時祕書處處長萬英豪是軍方國防管理學院院長退職，有豐富的建築監管經驗，因而請副祕書長馬紹章與他召集專案小組，負責督導監工及進度。到了施工的中後期，他們幾乎每週與施工單位開會研討，因此建設速度神速。

這樣的要求有兩個原因，第一是原民生東路大樓是租用的，每年租金約三千五百萬，新屋愈快建成，我們愈省租金；第二是適逢二〇一二年總統大選，我們希望趕在總統就職之前遷入。

在工程建築的同時，我們也與各處室討論辦公室配置，以及要使用的家具。由於面積較先前為大，我們特別擴大檔案室，把原來雜亂堆放的檔案有序歸檔，另外，因應資訊科技的需要，擴大機房並隔離建置內外網，達到資安要求。

建築完工，家具設備到齊，我們於二〇一二年四月搬遷完成，五月十八日馬總統出席大樓落成啟用典禮，自開工至遷入，總共只花了十四個月，可以說創下官方背景的工程完工紀錄。大樓完成後，成為大直的一個地標，夜間LED燈點綴，美不勝收，甚至成為新人婚紗攝影取景地點。

紀念辜振甫的公亮廳

新大樓最大的廳室是二樓的公亮廳（辜振甫先生別號公亮），挑高兩層樓，面積兩百多坪，為免空間太大產生回音，牆面還有吸音設計。這個廳主要是供兩岸協商之用，中間一排桌子供主談人及代表團對坐，兩側後方可以再各放一排桌子，供議事紀錄人員使用。

然而公亮廳建成後，從來沒在廳內辦過兩岸協商，因為維安單位認為，海基會交通太方便，門口五公尺外就是捷運大直站的三號出口，抗議人潮集結容易；而海基會大樓是玻璃帷幕牆，如遭人丟擲石頭，將造成人身安全問題；再另一個困難是腹地有限，很難劃出一塊空間供抗議民眾聚集，結果是交通方便竟成為缺點。

兩岸的正式協商雖沒使用過公亮廳，但協商前的預備性磋商則使用過多次，相當方便，而且大樓設計的會議室足夠協商各分組使用。好在這個廳的設計原先就是多功能的，場內還有三百個電動伸縮的座位，每次伸縮只須按鈕，不必人工，而且僅需七分鐘，所以大型的集會，如二〇一二年辜汪會談二十週年紀念，以及研討會或演講等都可以使用，沒有浪費。甚至座位騰空的空間，還可作為員工休閒打乒乓球、羽毛球之用。

第十二章

兩岸協商插曲

吃了八小時的最長晚餐

二〇〇八年十一月台北第二次江陳會談，這次率團來台的是海協會陳雲林會長，是大陸首次來台的最高層官員，十一月七日在晶華飯店的一場晚宴，民進黨人士以客人身分混入鬧場。晚宴結束後，飯店周邊道路遭反對人士包圍，無法回圓山飯店，雖經聯絡台北市市長郝龍斌、警政署長王卓鈞，均無法勸退，一度考慮由地下室走後門突圍，但陳雲林係兩岸協商代表，形同特使，光明正大進入晶華大廳，不願偷偷摸摸離去。時間一分一秒過去，部分賓客搭車或步行離去，步行者被罵台奸，其中大陸央視記者柴璐等還被追打，而國民黨副祕書長張榮恭的座車遭到攻擊，擋風玻璃破損。群眾是被動員而來，民進黨雖稱並非他們的黨員，但群眾一旦被鼓動後變得盲目，主事者應將他們帶離，而非任由他們滋事破壞，造成流血暴力事件。後來我還代表海基會前往新光醫院，慰問受傷員警並致贈慰問金。

到了午夜，仍然無法突圍，只好請晶華飯店準備宵夜，端上來的點心當然是台灣最有名的牛肉麵。在被包圍的漫長時間裡，主人與賓客只好紛紛走動聊天，鄭立中吃完一碗牛肉麵，走到另一個空位，發覺桌前的一碗還沒人用過，他竟然又端起來再吃一碗，沒想到大陸人對台灣的牛肉麵這麼喜愛，大家也笑說五星級飯店山珍海味還不夠，對於牛肉麵情有獨鍾。

吃完宵夜點心，還沒有緩和跡象，於是只好安排客房，讓主要的賓客休息。一直到清晨兩點多，經由各方努力，排除了晶華飯店前中山北路北向的慢車道，於是車隊一行趕緊出動，沿著中山北路逆向一小段，再改由其他道路返回圓山。總計自六點多開始晚宴，至離開會場前後共八小時，可以說是吃了一頓最長的晚餐。

馬總統台北賓館會見陳雲林

第一次北京會談，已有胡錦濤總書記接見海基會代表團的先例，此次陸方來台北，馬英九總統當然也要會見陳雲林會長。場地選在較隱密的台北賓館，見面前雙方休息的場所、通往會場的動線，以及總統入場的動線，不僅要事先研究路線，甚至要計算須走多少步及花多少時間。依我方慣例，總統進入會場，包括總統府的動員月會等，都會有司儀在會場高喊「總統蒞臨」，然後大家起立恭迎。然而陸方對於我方的高層官員官銜都很敏感，更何況是「總統」。為了體諒他們的立場，不便在他們面前高喊，只好安排在通往會場的走道上依例行禮，這個安排，在外面等待的記者當然清楚聽到，而在會場內的雙方代表團其實也可聽到。

會見總算順利進行，雙方行禮如儀，相互致詞，大家都珍惜這個得來不易的機遇，也希望兩岸能和平穩定地向前邁進。

由於有前一晚在晶華飯店被包圍的經驗，所以我們的車隊故意避開景福門抗議群眾聚集之地點，繞道改走環河快速道路。這也是在我們主場談判的另一個困難。前面說過，主場本來有優勢，但我們在自家的談判，除了在談判桌上據理力爭，還得應付國內的抗爭，這些不同的聲音來自立委、反對黨、媒體，以及一些不明就裡的群眾。

互贈紀念動植物

第二次會談，還安排了一個節目，就是互贈動植物，以表善意。大陸方面贈送的是貓熊及珙桐樹，前者世人皆知是一級保護動物，長相及動作相當可愛，不僅小孩喜歡，大人也被吸引。但後者很多人就可能沒聽過或見過，其實它是生長在中海拔溫帶的植物，開的花是白色的，形狀像和平鴿，因此也稱和平樹。這兩件禮物代表了兩層意義，一是二〇〇八年五月四川汶川大地震，台灣各界伸出援手，捐助物資及金錢，四川方面回贈貓熊及珙桐樹以表感謝；另一層意義是和平與善意，希望兩岸能和平相處。後來台灣各地動物園極力爭取貓熊進駐，但經專業評估後，認為台北市立動物園最有能力提供適當的場所及照顧，所以決定放在木柵的台北市立動物園。貓熊進駐後立刻成為動物明星，許多大人小孩排隊進場觀看。

是貓熊，還是熊貓？

大陸送來一對貓熊，這對貓熊後來分別命名為「團團」及「圓圓」，幾年後人工繁衍了後代「圓仔」，也成為民眾喜愛的動物明星。至於珙桐樹則由林務局選定適當地點種植，但沒有對外宣布地點，就怕遭不理性的民眾破壞。幾年過去了，這些樹長得如何，我很關心，曾經於二〇一二年去看過，當時還沒長大成熟到開花，如今又過了幾年，希望它已適應環境，成熟開花。

我們贈送大陸的，是兩種台灣特有種的長鬃山羊及梅花鹿，就外表看並無特別之處，但珍貴在牠是台灣特有種。大陸方面也是各省爭取，最後放在山東省的劉公島，原因是那是中日甲午戰爭的一個戰場，甲午戰敗後，清廷割讓台灣，所以該島與台灣有相當連結。據了解，這些動物也適應了當地氣候環境，並繁衍後代。

在互贈典禮上，懸掛一塊典禮背板，台灣習慣稱之為貓熊，而大陸則稱熊貓，為了避免爭議，雙方妥協以「貓熊（熊貓）」來表達，這也是一種「各自表述」吧！我開玩笑地說，這種動物應該比較像熊，而不是貓。後來我聽說大陸原先也是稱貓熊，但本來中文由右向左讀寫，後來他們改為由左向右讀，於是變成了熊貓，不知是否真的如此？

來客體驗台灣的地震及冬天

二〇〇九年第四次江陳會談，也是在台的第二次會談，我們覺得應該移師台北以外的城市舉辦，然而開始找尋適當地點後，發現竟然很困難，因為除了準備來客住宿的酒店，我們的談判團隊也要進駐，但兩者不能在同一酒店，而為了維安及交通要求，兩家酒店又不能相距太遠。選來選去，只有台中的裕元酒店與福華飯店勉強符合此一原則。

那次會談及簽署是在十二月下旬，陸方還搭包機直飛台中清泉崗機場，而那幾天正好寒流來襲，陸方先遣人員與我方接機工作團隊由我率領在機場等候，站在空曠的停機坪，寒風吹來，讓人冷得直打哆嗦。後來住進酒店，台灣的房子一般並無暖氣，當晚冷得要求服務人員提供電暖器，第二天與陸方人員見面，寒暄時直說，沒想到台灣會這麼冷。其實就溫度本身來說，並不會太低，但由於氣候潮溼，這種溼冷要比大陸北方的乾冷更冷些，所以近年氣象局公布溫度時，還另加一個「體感溫度」的數字。

除了天冷以外，會談期間還發生地震，級數還不小，許多大陸團隊人員沒有經歷過地震，嚇出一身冷汗，還問我們如何躲避，我們則說已經習慣了，低樓層的往外跑，高樓層的只能躲在桌子底下了。

遺憾未簽署《避免雙重課稅協議》

二〇〇九年第四次會談雖簽署了《農產品檢疫檢驗協議》及《標準計量檢驗認證協議》，但實質上更重要的是《避免雙重課稅協議》，兩岸分別與其他許多國家簽了這類協議，兩岸如能簽成這個協議，對於兩岸合法納稅的企業將可減輕負擔。據我所知，當時沒能達成協議的原因，是我方主張的資本利得課稅權（我方主張有關股權轉讓收益，即資本利得，由居住地擁有課稅權。因台商居住地多為台灣，故由我方課稅），大陸以尚未給予香港為理由，沒有答應。到後來，因為香港問題解決了，所以兩岸在二〇一五年才重啟談判，達成協議。

從這個例子來看，二〇一三年兩岸所簽的服貿協議，當年是六月簽的，許多項目尚未對香港開放，而是在二〇一四年一月的香港與大陸經貿協議ＣＥＰＡ 10的補充協議才開放。但我們因為在野黨的杯葛，以及部分民眾非理性的抗爭，導致如今未能通過實施，實在可惜。政治惡鬥，影響經濟實益，受害的恐怕是台灣自己。

第十三章

離開海基會

動念辭職

二〇一二年五月，江董事長私下告訴我，將於第八次會談完成簽署《兩岸投保協議》後的適當時機辭職，我當即表明要同進退，後來六月間也向總統口頭報告，希望准予辭職，八月間又再重述一次。

後來八月完成協議簽署後，二〇一二年九月陳雲林會長率大陸文創團來台參訪，我幾乎全程陪同。結束本島行程後，途經澎湖再到金門，最後陳會長一行於九月十九日由金門的水頭碼頭經由小三通返回廈門。我在碼頭送行時悄悄跟他說，我會隨同江董辭職，因此，在金門應該是最後一次代表海基會與他話別。他聞言一愣，還說兩人離職應該是個別事件，我則解釋，在台灣副手隨首長同進退是常態。

其實我是真心想辭職，因為我判斷，檯面上可能新接手的董事長，才幹與學經歷絕對不如江董事長。九月十九日早上，陳會長搭的船開出碼頭後，我們海基會代表團就搭機由金門飛回台北，隨即在海基會公亮廳召開記者會，江董事長宣布辭職，我也跟進，表示已從事兩岸事務二十四年，該是世代交替的時候了。當天下午，即有媒體報導由林中森接任海基會董事長。

直到九月二十日，總統還不知道我辭職是認真的，他於九月二十日中午來電問我如何辦理董事長支薪，因為以前辜振甫及江丙坤均未支薪，而是榮譽職，馬總統希望改為有給職，我回答如係政策，應提案經董事會通過，呈報主管機關陸委會核定。後來九月二十七日召開的董事會，行禮如儀，選出林為新任董事長，並同意將無給制改為有給制。主管機關陸委會打電話給我，要求支薪的標準不得超過二十五萬，我與人事室會商結果，以最接近上限的金額，核給月薪二十四萬六千元，這是開了海基會董事長支薪的先例。

另外，總統又問我有沒有去看林中森，我回說既已辭職，似無需要去，沒講出口的是，難道我要求他把我留任？下午林來電，陸委會王主委也來看我，我都回以沒意願。當天晚上，總統又再來電長談，我也陳述我的想法，是該休息的時候了，而且家人也不同意留任。

隨後幾天，他幾乎天天來電，並提到當年共同創立陸委會、海基會的甘苦，九月二十三日早上再來電，要求我到官邸會面，加上當時江董事長也希望我們二〇〇八年以來共同打下的兩岸協商基礎能持續下去，我是在不得已、非常勉強的情況下留了下來。可以想像這段期間，我身心所受的折磨，導致後來我的身體一直不舒服。我後來明確知道，馬總統的選擇主要是省籍因素，而且也跟他構想中的領導接班人有關。

海基會董事長初次訪陸，應先拜碼頭

沒想到這一留任，是我惡夢的開始。由於九月下旬，經過留任與否多日的煎熬，原本睡眠欠佳的我，更是失眠多日，體力及抵抗力均大幅下降，導致十月開始即陷入重感冒。而林董事長接任後，即急著安排去大陸，大概是他的道教友人想邀他參加武當山六百週年慶典，於是他安排了去武當山參訪，順便訪問北京，這個構想沒有經過海基會內部討論，即提十月八日的高層會議（該次會議我因病缺席），竟也獲同意。第二天我得知之後，深深以為不妥，海基會是兩岸關係的重要窗口，董事長第一次去大陸，不先拜碼頭訪問北京，說不過去。後來大陸海協會副祕書長馬曉光也來電表示相同的看法，才改為先去北京。

另一方面，我認為第一次赴陸訪問，要見什麼人也很重要，尤其是緊接著在野黨領袖之一謝長廷赴陸，謝都能面見到國務委員（職級介於部長與副總理）戴秉國交換意見，海基會董事長的會見也要有一定的規格。但他經我這麼提醒，竟然提出要求會見領導人，指江董赴陸第一次會談的時候也有此安排，但對方婉覆，因兩者時空環境不同，再經交涉後，安排當時的政協主席賈慶林會見，這才順利完成林董事長的第一次北京之旅。

重拾教鞭

二〇一四年二月我總算如願離開海基會，初期休息了三個月，期間一些企業來找過我，而過去任教的東吳大學、中原大學也都希望我回校任教。企業固然是一個選擇，但沒有明確任務的職位，都非我所願；而學校方面，東吳最具誠意，因我曾在一九七五至一九八一年在東吳擔任企管系教授兼系主任，感情相當深厚，而現任系主任、教師同事及過去學生紛紛來訪，再加上我的年齡已大，不想長途開車去中壢，所以後來決定接受東吳的邀約，非常謝謝東吳熱情地安排潘校長公開致送聘書的儀式，相當溫馨感人。

重拾教鞭對我的意義，是逼得我必須多看書，更新我腦中的資料庫，同時也能與年輕學子溝通互動，了解他們的想法。我教的是國際企業管理，把大陸台商也涵蓋在內，這與兩岸政治無關，而是企業管理學術上把跨境企業稱為國際企業，其管理與一般國內企業並不相同，是一個專業的學術領域。

因為跨境，則社會、文化、政治、法律、行銷通路、稅務、匯率制度等層面均不相同，都要探討，首先就會探討投資環境的評估，國際上區域經濟整合、自由貿易區對國際企業的影響，接著討論國際企業進入策略等，因為會觸及大陸台商，所以也會詢問學生對兩岸關係的看法。我發覺學商的年輕人相當務實，認為兩岸經貿對於台灣經濟的發展相當重要，也不排斥前往大陸工作。

意外又接黨職

二〇一五年一月趁著學校放寒假，我和內人決定赴美休假一個月，買了來回機票，但抵達洛杉磯的第二天就接到國民黨中央政策會執行長賴士葆的簡訊，說有要事找我，我心裡正在納悶，離開公職已有一年，會有什麼要事？經回電聯繫，他說與國民黨主席朱立倫面商後，希望請我接大陸事務部主任，在國民黨的組織體系中，大陸事務部位在政策會之下，他們認為位階太低，會另想一個適當的方式安排。我的回覆是，我已退休，又甫來美，一個月後才回去，且黨務工作我從未涉入。

隔了幾天，朱主席親自來電，仍請我幫忙，他想以主席特別顧問的名義聘請我，並兼大陸事務部，同時因為他也兼智庫「國家政策研究基金會」董事長，因此也請我擔任董事，並把原來智庫負責的兩岸事務，以及舉辦多年的兩岸經貿文化論壇（俗稱「國共論壇」）全部請我接手，至於我原訂的一個月休假不受影響，等我回台後再說。

我思考一下，國共之間的聯繫也是一項重要的工作，再說二〇〇八年以迄二〇一四年，我在海基會努力打下的和平穩定基礎，希望能持續下去，所以毅然決定接下這份工作。但因我無法專職在黨部工作，所以我要求是義務職，這樣上班時間會彈性些。二月中旬智庫董事會改組完成，主席即對外宣布這項人事安排，當時媒體報導不少，部分媒體朋友相當驚訝，以我這樣的兩岸老兵，會再重作馮婦。

二月二十四日我回台後，主席就打電話要我參加二十五日的中常會，並於中常會後與他見面。我們懇談了約半小時，他提到國共兩黨有特殊的歷史淵源，二〇〇八年以來也在兩岸關係及和平進展上扮演重要角色，尤其是二〇一六年的大選，兩岸將是關鍵議題。另一方面，原訂二〇一四年十二月召開的國共論壇因故延期，我們也應該續辦，並依例安排兩黨領導人會面。

朱習會

三月一日黨部才給我正式派令，我立即憑著過去十年（二〇〇五年連胡會之後開始）與陸方建立的人脈關係，積極籌備。適巧中共中央台辦副主任陳元豐率聯絡局劉軍川局長等人來訪，他們來訪的定位是「走春、訪友、拜晚年」，幾年來已形成慣例，並成為兩黨黨際交流的一環。我出面宴請並陪同朱主席會見了他們，雙方都同意珍惜近七年來兩岸關係的發展，並應該續辦國共論壇，總結十年來的成果。

在三月至五月間，我多次走訪北京，期間並密集地以傳真與電話溝通，決定將國共論壇的型態酌予改變。由於台灣民意對於兩岸交流開始重視弱勢團體，所以議題重點放在三中一青（中小企業、中南部、中低收入及青年），出席人員不再以大型企業為主，而以中小企業、農漁業、文創事業、青年創業及青年學生為主。

至於舉辦地點，陸方因地方政府的意願及配合，原選定杭州，但我方考量此行除論壇外，也要與青年學生及台商（多為中小企業）見面及座談，因此建議改在上海，陸方也立刻同意。至於時間一度考慮選在七月，但因種種因素提前到五月，原本擬定五月九日，又因習近平赴歐訪問，所以提前到五月三日在上海辦論壇，五月四日在北京舉行朱習會。

在籌備階段，我們論及很多細節，包括領帶顏色，後來雙方認為不必過於拘束，因此就沒做結論。期間我曾提出一些創新的點子，可惜沒能實現，我建議五月四日是北大校慶，又是五四運動紀念日，當日朱習會午宴後，兩人如能在北大校園逛逛，可以突顯此行的多重意義。另外我也建議朱習兩人舉行聯合記者會，但也不了了之，失去此行的亮點，相當可惜。

論壇及朱習會後，以往都會有結論，此次陸方提出的內容多為原則性的，我則建議重新再擬。五月四日習近平午宴後，我回威斯汀酒店與陳元豐深入討論，甚至錯過朱主席主持的記者會，直到五月四日傍晚，代表團祭拜國父衣冠塚後，張志軍主任於香山飯店餞行，席間我仍與陳元豐討論，最後敲定內容如下：

一、兩黨肯定，十年來兩岸關係，經由國共的努力，由緊張走向和平，創造了和平紅利，成果得來不易，在世界村的潮流下，已形成兩岸命運共同體，值得大家珍惜。兩黨認為兩岸應該繼續堅持走和平發展的道路。

二、十年前連戰主席訪問大陸，雙方在「兩岸和平發展共同願景」中提出堅持九二共識，反對台獨的主張，隨後並納入國民黨黨綱，此為兩黨堅固的互信基礎，才能獲致和平紅利成果。二〇〇八年國民黨重新執政，兩岸在九二共識的基礎上恢復協商，達成二十一項協議，開放直航；觀光客來台；司法互助、減少詐騙；ＥＣＦＡ減免關稅，促進對陸出口，創造就業機會等等，擴大並方便兩岸交流，對於促進兩岸了解，互利雙贏，發揮巨大作用。

三、兩黨同意積極務實探討處理台灣參與區域經濟整合的途徑。歡迎台灣以適當名義加入亞投行。也歡迎台灣以適當方式參與「一帶一路」建設。

四、為避免兩岸產業重複投資、產能過剩、惡性競爭、兩敗俱傷，兩黨認為兩岸應成立產業共同溝通規畫平台，並鼓勵兩岸產業形成產業鏈或供應鏈的合作，協助零部件中小企業與中心工廠形成長期戰略合作關係。

五、兩黨將繼續發揮台商權益保障機制的作用，維護在大陸投資的台資企業的合法權益。共同為兩岸企業在對方發展創造更好條件。

六、雙方同意提高農漁產品檢驗檢疫和通關效率，縮短農漁產品運送大陸時間，建立綠色通道，提高行銷成效。

七、青年是兩岸關係未來的關鍵，兩岸應該協助青年，鼓勵相互交流，促進了解，並提供他們學習過程中的實習及學成後的就業與創業的公平機會，實現人生夢想。

八、深化兩岸各領域交流合作，擴大兩岸同胞往來。積極推動盡快完成大陸旅客在台灣中轉議題的協商，並推動採取更多進一步便利兩岸同胞往來的措施。

九、正確對待兩岸差異，相互尊重，管控分歧，避免干擾兩岸交流合作。國共兩黨可就兩岸關係中的難題進行探討，找尋解決之道。

十、兩岸人民同屬中華民族，同為炎黃子孫，未來更應加強交流。為兩岸人民謀福祉、為台海地區謀和平做出更大貢獻。

其中我最重視的是兩岸供應鏈連結的問題。早在二〇一三年十月底，我到武漢參加台灣週活動，湖北武漢是大陸汽車業的重鎮，年產三百萬輛，並計畫提高至六百萬輛。我心有所感，認為兩岸可以從汽車業的供應鏈連結做起，形成互利的緊密關係。

我一直認為兩岸關係最重要的兩個紐帶，一個是文化，一個是經貿。文化與歷史的連結是自然的，是心靈的契合，而經貿則是實體的，是互惠互利的結合，兩者不可偏廢。但大陸各地積極招商引資，致台灣企業外移，造成產業空洞化的批評，並影響台灣青年的就業。既然大陸認為兩岸是一家人，那麼應該讓部分零組件留在台灣，特別是輕薄短小、便於運輸的汽車電子零件。而這種結合並不一定是單向的，也可以是雙向的。二〇一三年十月海協會陳德銘會長訪台時，我陪他到台北港參觀，港口等待輸往中東的福特汽車，其最後的零件竟是大陸重慶廠運過來的。

這個供應鏈的議題，我當時建議陸方應對實現者頒牌獎勵，其文字可以是「兩岸汽車業供應鏈合作基地」，其他行業亦可比照，雖然不容易做，但所謂「天下無難事，只怕有心人」。大陸方面原來實施計畫經濟，如今雖已漸趨市場化，但政府影響力尚存，特別是大型企業仍以國企為多，願陸方高層決策好好思考這個問題，把產業合作進一步提升到「產業分工合作」。

再後來出現了一個名詞「紅色供應鏈」，意指原來由台灣生產供應的零組件已外移大陸，在大陸本地形成供應鏈，不再需要台灣供應。這麼一來當然減少了台灣對大陸的出口，也連帶減少了青年的就業機會，這是導致年輕人反中的一個重要原因。

馬習會

二〇一五年十一月七日，兩岸領導人馬英九與習近平在新加坡見面，這是兩岸一九四九年分隔以來的一件大事。

十一月一日是星期六，我出外到郊區小山健行，途中接到馬英九電話，就正納悶，自從二〇一四年二月離開海基會後，已很少聯絡，為何此時會找我？後來才知道，原來是十一月七日他要與習近平見面，而他來電是要確定一九九二年達成九二共識的經過。我告以詳細情形，並說對方尊重並接受我方的表述，且把表述原文作為附件傳真回來，所以我們重述此一內容應該沒問題。而原來表述內容很長，其中最關鍵的是兩句話「雙方雖均堅持一個中國的原則，但對其涵義，認知各有不同」，其中第一句的「雖」字不可省略，否則就跟大陸的講法一樣。

對於馬習會，民進黨蔡英文說「這是突襲」，因為再過兩個多月就要投票選總統了，此時的領導人會面，是否做球給國民黨？蔡英文甚至認為「是否意圖影響選舉」，究竟實情如何，恐怕只有習近平知道，因為我從很多大陸消息來源得知，大陸多數幕僚是持反對意見的，最後是由習近平本人拍板定案。

無論其原先用意如何，看效果，習近平大概只是把過去的對台政策彙整，提高層級由他在國際媒體前公開說明，尤其是在閉門會議中，強調九二共識是兩岸關係和平發展的「定海神針」。從馬英九的角度來看，他應該是在追求歷史定位，他在任內可以使分隔六十六年的兩岸領導人，以對等尊嚴的方式在第三地見面，殊為不易。

換言之，馬習蔡三人對於馬習會各有不同的盤算及看法，不過對於後來的大選毫無影響，因為它缺乏足以讓台灣民眾有感的「亮點」。以馬英九是執政的總統來說，他需要有實質的成果，例如貨品貿易或陸客中轉（這點與朱立倫不同，五月初朱習會，他只需要有形式上的亮點即可），但是馬習會並未釋放出新的亮點。

反而是後來二〇一六年一月十五日選前一晚，媒體報導台灣藝人周子瑜因在韓國揮舞中華民國國旗而道歉的報導及畫面，激出一些反中青年的投票，網路上甚至有人呼籲「去投票，為周子瑜報仇」。一般估計，此一事件使蔡英文多了五十萬票。大陸對於中華民國的名號、旗、歌及參與國際組織活動，必須想出一個解套方法，否則將成為民進黨永遠的提款機。

第十四章

兩岸關係展望

兩岸關係良窳指標

雙邊關係究竟好或不好，當然可以憑主觀直覺來判斷，例如有的民意調查，直接詢問民眾認為中共官方或大陸民間對台是否友善，或是否有敵意，民眾憑著主觀印象回答，從而判定兩岸關係良窳。

但其實可以選擇一些指標，以客觀的方式來衡量，例如大家大概都會同意，雙邊的經貿及人員往來多寡，會是一個重要的指標，一國對另一國最嚴重的制裁就是禁運（embargo），例如美國對古巴實施禁運多年，直到近年才開放，並恢復外交關係。其次，選擇部分項目暫停交流，多年前中共曾中斷體育交流，以抗議其體育選手滯美不歸，他們也曾經以停止軍事交流或停開會議，對美國表示不滿。經貿方面更常用此方法，前經濟部趙耀東就曾禁止日貨進口，而歐洲國家針對烏克蘭與俄國的衝突，禁止俄國天然氣的進口，以上種種案例不勝枚舉。總之，各類交流的「量」與「質」（指層次）絕對可以反映雙邊關係的良窳。

其次還有一個指標，就是雙邊有無聯繫溝通的管道，而這可由低至高分為幾個層次，包括：一、經由第三方安排的聯繫溝通；二、雙邊直接的聯繫；三、雙方不定期或定期的開會協商；四、聯繫的級別愈高愈有效，最好是領導人熱線，雙邊溝通聯繫管道愈多，愈能化解歧見，解決分歧，避免誤判。

再者，更制度化的方式，就是互設辦事處，可以直接面對面及時溝通，設處多少及派駐多少人，都顯示雙邊友好程度。不滿的時候，召回代表或大使，減少派駐設點或人員，也是表示態度的重要方式。

綜合以上，兩岸關係良窳的指標可彙整如下：

◆各項交流

- 社會交流（通婚、探親、觀光）。
- 文教交流（文化、教育、學生、教授、運動、藝術表演團體）。
- 經貿交流（貿易、投資、產業合作）。

以上這些項目數量的增減以及層級的變化。

◆溝通聯繫，協商談判：

- 聯繫的管道，溝通的層級。
- 協商解決問題、衝突、矛盾，創造合作利益。

◆互設辦事處、派駐人員，溝通管道多元且暢通。

以兩岸關係的「現狀」而言，截至二〇一六年初，雙邊應該是分隔六十六年來最好的時刻。

一、交流

•兩岸通婚三十八萬對。
•陸客來台一年四百三十萬人；台灣赴大陸旅行人次五百四十萬人。
•兩岸文化、藝術團體交流頻繁。
•兩岸高等教育師生互訪，陸生來台三萬餘人，學校簽署數千項合作協議。
•兩岸貿易年約一千八百億美元。
•農產品貿易在ECFA後，台灣已由逆差轉順差。
•台商投資近一萬家，投資金額因統計方式而有差異，但一般估計應超過兩千億美元。
•兩岸每週航班八百九十班。

二、溝通聯繫

•海基會與海協會聯繫頻繁，溝通無障礙，已簽署二十三項協議。

- 陸委會與國台辦已直接官方接觸。
- 陸委會與國台辦首長已建立熱線。
- 兩岸領導人可在第三地會面。

三、互設辦事處

目前兩岸各有兩家機構在對方設立經貿辦事處，我方為外貿協會及電機電子工業同業公會（簡稱電電公會），陸方為機電商會及海貿會。所以經貿事務溝通聯繫，協商處理均無障礙。唯美中不足的是，全功能的辦事處尚未成立，仍有待雙方繼續努力。

海峽兩岸近在咫尺，從台灣角度環顧四周，我們真是擁有極佳的地理位置，說是亞太的中心，絕不為過。向東看是世界最大的經濟體美國，往西看則是第二大的中國，望北去則是第三大的日本，向西南看是世界最重要的新興經濟體東協各國。我們實在應該掌握這個機會，台灣缺乏天然資源，但有優秀的人力資源，如何發揮人才勤奮的優勢，是我們努力的方向。

面對世界區域經濟整合浪潮，我們的周邊更是如火如荼，雙邊的自貿協定已有多個，如中韓自貿協定、東協與中國自貿、東協與韓國自貿等；多邊的整合包括RCEP及TPP，更是熱門話題。以一個簡單算術的比喻，各國都在玩「加法」遊戲，希望一加一大於一，我們如果能夠朝野共拚經濟，應該也是「加」法遊戲的一員，否則就成為被「減」的對象。我們絕不樂見「亞洲減台灣」或「亞太減台灣」，台灣該何去何從，領導人應發揮智慧帶領全民努力。

知己知彼，實力對比

中國這一頭巨獅，從一九四九年起沉睡了四十多年，鄧小平雖然於一九七九年開始掌權，採行改革開放政策，但社會主義與資本主義之爭持續了十幾年，一九八九年甚至發生天安門事件。表面上，它固然是學生的民運，但實則為保守派與改革派之爭，直到一九九二年鄧小平南巡，才確立改革開放的道路。然而為確保其政權，又創出所謂「有中國特色的社會主義市場經濟」的名詞，至於其代表什麼，恐怕除了政治面外，沒人說得清楚，實際上走的就是西方的資本主義。甚至於有人認為大陸比台灣還資本主義，但大陸為了維持政權，不能放棄社會主義的招牌。

近二十多年來，大陸的進步與崛起，世界有目共睹，全世界找不到第二個先例，最近美國前財政部長及前高盛公司執行長鮑爾森，以他觀察大陸的現象及與大陸政商各界打交道的經驗，出版一本書《*Dealing with China*》，其中的觀點值得大家詳閱，我的看法與他相去不遠。

硬體建設突飛猛進

大陸硬體建設突飛猛進，高速公路、高速鐵路建設快速，有目共睹，目前已是世界擁有最長高鐵的國家，並有能力向外輸出。高速公路的品質及數量，絕對不輸任何先進國家，連鮑爾森都承認美國的一些高速公路已年久失修。大陸各大城市高樓大廈拔地而起，隨便一個二、三線城市，都比台灣的都會區要強。機場及地鐵也是各大城市建設的項目，機場及港口的吞吐量也在全世界名列前茅，世界前四大港又都在中國。工程技術也不遑多讓，橋梁、隧道、跨海大橋、海底隧道都難不倒他們。科技方面，也令人刮目相看，有世界最先進最快速的超級電腦，能夠發射衛星、火箭，送人往返太空。國防科技現在還趕不上美蘇，可是以它們的經濟實力，可以不計成本投入，假以時日，必然可觀。

歸納大陸建設快速的原因：

一、土地國有，土地重劃、房產動遷，只要政策決定，沒有辦不通的。

二、政策的決定，只要領導拍板定案，最多經過所謂的「論證」，如三峽大壩論證也能辦到，效率快速。

三、地大物博，人才濟濟，又能以市場換技術，加上工資低廉，人力充沛（註：目前人口紅利已漸消失），日夜趕工，其建設速度舉世無雙。

四、地方首長以建設成果論英雄，包括都市建設、招商引資、GDP成長率都是升遷考核的重要指標，因此無不全力以赴。各地領導對於經濟統計數字均能琅琅上口，開口就是GDP成長百分之幾，財政收入增加百分之幾，固定資產投資增加百分之幾，都能倒背如流。

五、吸引外資（Foreign Direct Investment, FDI）與美國在伯仲之間，分居世界前兩位，不僅提供就業，也增加稅收財源，而各地方的土地資源，透過招、拍、掛方式出讓使用權，更是重要的大筆收入。二〇一五年我走訪安徽某大城市，當天晚宴前，幾位地方領導喜形於色，一問之下，原來是當天拍出一塊土地，得到幾十億人民幣的財源。

六、由於財源充裕，可以大舉招募研發人才，為其轉型升級而貢獻。

積極參與國際經貿

再換個角度來看，在國際經貿上，大陸已是世界第一大貿易國、最大出口國，外匯存底世界第一，是國際主要經貿組織的重要成員，並積極爭取國際經濟的發言權，希望成為規則的制定者。二〇一五年已爭取到國際貨幣基金（International Monetary Fund, IMF），將人民幣納入特別提款權（Special Drawing Right, SDR），而且其比重一舉超過英磅及日圓，僅次於美元及歐元，最多再過二十年，勢必可與美元分庭抗禮。

此外，大陸也積極爭取第三世界國家，兼具戰略及經濟目的：戰略上，一方面成為第三世界領袖，另一方面也建立油源的通道，不再仰賴海上運輸；經濟上，透過亞洲基礎建設投資銀行（Asia Infrastructure Investment Bank, AIIB）、絲路基金（Silk Fund）利用資金輸出過剩產能，爭取廣大市場，因為一帶一路人口占世界六三%，GDP僅占二九%，還有很大的發展空間。

國際政治影響日增

在國際政治組織中，大陸除了是聯合國安理會的常任理事國，擁有否決權外，習近平更是強調大國外交，二〇一五年多次親自率團出訪，訪美最受矚目，訪英接受最高規格接待，而且每次出訪都有大陸企業家隨行。大陸已從過去純粹的資本輸入國，二〇一四年搖身一變成為資本輸出國，國企及民企紛紛對外投資，特別是趁世界景氣衰退，降價求售時出手併購。對於大的資本投資也不手軟，隨便出手就是購買幾百架飛機。美國已經深感中國的威脅，所以極力聯手日韓、東南亞各國防堵，中國已是國際政治及軍事不可忽視的一股力量。

我提這些不是要長他人志氣，而是提醒我們要認清大陸綜合國力已今非昔比，所謂「知己知彼，百戰百勝」。

中國大陸對台政策的最終目標當然是統一，它們最關心的包括港澳台三地的領土完整，香港已於一九九七年收回，一九九九年也收回了澳門。中國大陸每一任國家領導人，從鄧小平、江澤民、胡錦濤到習近平，無一不具有這樣的歷史使命感，而這些人中，習近平應該是黨、政、軍一把抓，名實相符的最強勢領導人，其第一任二〇一二至二〇一七年，重點在改善中國大陸體質，要由「大國」變成「強國」；至於第二任二〇一八至二〇二二年，將跨越中國共產黨建黨一百年（一九二一年七月一日建黨），他的使命感會驅使他做什麼，是值得觀察的。不過可以確定的是，台灣問題絕非其目前優先項目。

台灣籌碼愈來愈少

相對於大陸，台灣這二十年來的籌碼愈來愈少。原先我們的經濟實力是超過大陸的，就總體GDP規模而言，一九九〇年時，兩岸差距不大；二〇〇八年，陸為台的十一倍；二〇一〇年簽ECFA時，已變為十三倍；而二〇一五年又擴大為十八・三倍。

以人均所得來說，一九九〇年時，我們是遠超過大陸的，記得那時邀訪大陸學者專家，機票及食宿要由我們買單，但如今則是對方提供落地招待。雖然大陸整體人均所得還比不上台灣，可是沿海的大城市，人均收入經過購買力平減後，絕對不輸台灣，北京及上海的一些物價，特別是房價及租金甚至高過台灣。

軍事實力方面，原先是台灣空軍略有優勢，然而時至今日，已經談不上「空優」。一九九〇年代時，兩岸有默契，中共空軍只在其海岸線內活動；但在民進黨第一次執政時，因兩岸關係緊張，他們的活動範圍已擴及海峽中線，壓縮了我們的預警時間。這二十年來，他們大幅擴增國防及科技預算，國防工業一日千里，二〇一五年中國大陸國慶習近平宣布裁軍三十萬，完全是因應現代科技戰爭的趨勢。台灣的軍力則受限於財源，即使美國有意願軍售，台灣也無力照單全收。

政治方面，台灣雖然已全面走向民主，成為華人最高度民主化的地區，然而制度設計不夠完整，前一段時間，年年都有大大小小的選舉，每到選舉就有所謂的「選舉假期」，重要建設必然停頓，違法脫序行為也睜一眼閉一眼，政客、部分民代及媒體興風作浪，成為社會的亂源。而政客每到選舉就亂開支票討好民眾，一方面減免租稅，以致租稅負擔率僅一三％，比中國大陸還低，是世界有統計的國家中最低的；另一方面，又政策買票，比賽發放社會福利，壓縮經濟建設的支出，形成社福超過建設投資的吃老本現象。

社會方面，則是有人煽動族群及社會對立，每逢選舉就撕裂台灣一次，內鬥的結果，造成族群對立、南北對立、城鄉對立、貧富對立、公教勞工對立、年齡層對立，我們傳統的友善和諧美德，在政客操弄下，完全被拋諸腦後。

機會或威脅

談到兩岸關係，反對黨只看到中國的威脅面，完全無視可能的機會，不分青紅皂白地一味反中。以投資為例，反對台商錢進大陸，理由是淘空台灣，債留子孫，不過碰到大型台商卻又噤聲，例如鴻海、台積電，二〇一六年春天台積電進軍南京，投資金額龐大，是為了保有市場，他們不敢反對。又如鴻海，今天已是世界級的國際企業，但別忘了，它是靠中國大陸的勞工及市場才能茁壯的。我們應該運用台灣優勢，避免衝撞，追求「機會極大化，威脅極小化」。

二〇一四年二十一世紀基金會的一項研究指出，如以三十五歲劃分，較年長者視大陸為機會，而較年輕的則視大陸為威脅。深入分析，因為年長者進入職場時，正是大陸經濟起飛階段，處處是商機，也有人因此發了「機會財」。目前不少大型台商，原來在台灣都是中小企業，他們看準商機，努力耕耘，收穫成果。但年輕世代，碰到的是整個世界經濟景氣下降（二〇〇八年世界金融海嘯，迄今仍未恢復元氣），而且大陸已經崛起，不僅商機減少，就業機會也因產業外移受到影響，工作難尋，薪資停滯，再加上有心人士鼓動，產生反中情緒。因此兩岸當局，都應好好思考，如何提升及開創年輕人在兩岸的發展機會，畢竟將來要靠他們發揮智慧，妥善處理兩岸關係。

理性看待兩岸協商

在二〇一〇年協商談判ＥＣＦＡ時，民進黨全力阻撓，明知這是國際經濟發展趨勢，對於台灣是利多於弊，卻能創造不利台灣的順口溜，既然ＥＣＦＡ在他們眼中這麼不堪，那二〇一六年政黨輪替後，他們應該宣布廢除，以符合其理念。

他們又說ＥＣＦＡ結果是過分傾中，出口更為依賴中國市場，這話聽來不錯，然而業者難道都是笨蛋？誰不知道雞蛋放在一個籃子的風險，不要說是大陸市場，就算是其他市場，過度集中也一樣危險，業者實在是不得不爾，誰會跟自己過不去，明明有市場銷路卻自我閹割。旁觀者噴口水比較容易，應該讓他們自己下場試試看。

有人在二〇〇〇年以前就提出「國家安全網」的觀念，乍聽之下立意其佳，然而名詞好聽，實際上是否可行？後來她自己負責兩岸事務，而且升遷至更高職位，超過五年的時間，也沒看到任何成果，或網到了什麼東西，又加強了多少安全。

了解國際政治現實及中國式談判

政府該做的事是開拓國際市場，然而以國際政治現實面來看，沒有良好的兩岸關係為前提，開展國際經貿關係無異是緣木求魚。只要看紐西蘭及新加坡是何時與台灣簽署自貿協定即可得證，二〇一三年如果沒有兩岸服貿協議，星、紐和我們簽署協定的可能性一定不高。如果協商對象國尚未與大陸簽署自貿協定，則我們絕不可能早於大陸。國際間講究的是實力與利益，君不見美國官員常掛在嘴邊的是國家利益（national interest），毫無道義可言。

中共原來要的是「一個中國」，後來勉強接受「一中各表」，或更模糊的九二共識，兩岸過去八年就是在這個政治基礎上展開協商、交流與服務。民進黨因為台獨黨綱的存在，民共很難建立互信，民進黨如想另以名詞包裝一中各表的內涵，大陸也許會接受，但絕不會接受沒有內容的名詞，因為這是中國的基本原則。我完全同意美國學者藍普頓的看法，他在其著作《從鄧小平到習近平》中指出，中國式談判的首部曲，就是確立基本原則，而這個原則是堅定不移、絕不折扣的，不像其他政策及建議可以靈活隨環境改變調整。

兩岸關係展望

展望未來，兩岸領導人都應該深思。《孟子》一書中，齊宣王問孟子：「交鄰國有道乎？」孟子回答：「惟仁者為能以大事小……，惟智者為能以小事大……。」大陸是相對較大的一方，對台態度應該放寬心胸，包容台灣的需求。

面子——國際活動

以面子來說，台灣是希望大陸尊重中華民國存在的事實，對於台灣參與國際組織與活動，以及中華民國的認同，應該徹底解決。猶記在南京舉行第三次會談後，我當面向國台辦領導建議，大陸應該將國際組織及活動，依其性質及層次兩個標準縱橫劃分不同區塊。例如縱向區分性質是體育、學術、文化、經貿或政治；而橫向層次則可包括非政府組織（Non-governmental organization, NGO）、非聯合國的國際組織，例如世界證券交易所聯合組織（World Federation of Exchanges, WFE）、聯合國所屬的專業組織（如世界銀行、國際貨幣基金、國際民航組織、世界衛生組織等）及聯合國本身等多個層次，依各區塊分別訂定處理原則。當時我得到的回應是，這個建議值得研究。

事隔兩、三年後，眼見尚無動靜，我再詢問相關官員，得到的答覆是無法訂定通則，而要視個案處理。我另外再問一些大陸學者，得到相同答案，可見他們是研商過後認為窒礙難行。但我認為，個案是事情已經發生，傷害已經造成，而且這個傷害的都是國民黨，另一大黨及反中媒體反而竊喜，又可大肆宣傳報導，鼓動反中情緒。而且每發生一次，就把過去改善兩岸關係的努力一筆勾銷，類似事件再三重演，大陸各級領導都視若無睹。近年兩岸交流密切，各級領導及學者專家絡繹來訪，結果卻是這麼不了解台灣，或是知情不敢上報，怕影響仕途發展。

與此直接相關的另一個課題是中華民國國旗，我也向國台辦領導說，在體育活動中，手持國旗為選手加油是運動賽事普遍的作法，並無政治意涵，我還特別舉例說，台灣選手在美國職棒大聯盟比賽時，台灣的球迷也是持國旗為他們加油，所以陸方不必過於敏感，應可同意開個小口，在奧運賽事中以國旗為選手加油。然而得到的答覆是這涉及政治正確，他不可能上報此項建議，言下之意是，這會影響他的未來發展。

以上國際組織及國旗兩個面子問題，北京當局必須思考一個解套方法，否則這將成為民進黨永遠不必付代價的提款機，對支持兩岸和平的國民黨相當不利。

裡子——經濟實力

再就裡子來說，兩岸經貿原是互補互利，經貿合作是連結兩岸的重要紐帶，但是台商的重要性及地位已經逐漸下降，如何保障他們的權益及協助轉型升級，值得陸方好好思考，尤其許多台商都碰到智慧財產權（知識產權）被盜受害，大陸官方卻拿不出具體解決辦法。

在貿易方面，原先是台灣出口原料零配件到大陸加工後出口，但是大陸各地積極對台招商引資，已形成「紅色供應鏈」，破壞了這種互利的產業鏈結構。兩岸亟需放棄成見，好好坐下來商討產業分工及策略聯盟，攜手合作邁向世界市場，這才是對中華民族有利的走向。

從台灣的角度來看，我們是比較小的一方，處在中美兩強之間，所謂「兩大之間難為小」，我們應該發揮智慧，「和中、友美」絕對是現階段最佳策略。海峽兩岸咫尺相隔，人親血親，務實的作法應該是擱置政治爭議，追求經貿的互補雙贏。別忘了，我們在許多方面，實力已不如對岸，經濟是我們唯一可以著力的重點。美國學者藍普頓說得好：「經濟實力最重要，因為它可以輕易轉換為其他形式的力量」。

兩岸之爭不是意識型態之爭，應該是制度之爭，「政治民主化，經濟市場化，社會多元化，文化中國化」也許是兩岸應該共同追求的現代化理想制度。兩岸制度各有優劣，我們可以透過交流，截長補短共同努力，邁向民主、自由、均富的理想目標。

附錄 6　兩岸經濟比較

		1990年	2013年	2013／1990倍數
GDP	大陸	18,668億元人民幣	568,845億元人民幣	30.5倍
	台灣	44,301億元新台幣	145,642億元新台幣	3.3倍
平均每人GDP	大陸	1,644元人民幣	41,805元人民幣	25.4倍
	台灣	218,456元新台幣	623,871元新台幣	2.9倍
就業人數	大陸	6億4,749萬人	7億6,977萬人	1.2倍
	台灣	828.3萬人	1,096.7萬人	1.3倍
平均工資	大陸	2,150元人民幣／年	46,769元人民幣／年	21.8倍
	台灣	24,317元新台幣／月	45,965元新台幣／月	1.9倍
貿易總額	大陸	1,154億美元	41,600億美元	36.0倍
	台灣	1,222億美元	5,753億美元	4.7倍
出口	大陸	621億美元	22,096億美元	35.6倍
	台灣	674億美元	3,054億美元	4.5倍
進口	大陸	533億美元	19,504億美元	36.6倍
	台灣	548億美元	2,699億美元	4.9倍
外匯準備	大陸	111億美元	38,213億美元	344.3倍
	台灣	724億美元	4,168億美元	5.8倍

資料來源：江丙坤演講資料

附錄5 大陸與台灣1997－2015年經濟成長率

年度	大陸	平均	台灣	註
1997	9.3		5.48	
1998	7.8	1995－1998：9.5	3.47	亞洲金融風暴
1999	7.6		5.97	
2000	8.4		5.80	世界景氣衰退
2001	8.3		-1.65	台灣首度經濟負成長
2002	9.1		5.26	
2003	10.0		3.67	
2004	10.1		6.19	
2005	11.3		4.70	
2006	12.7		5.44	
2007	14.2		5.98	
2008	9.6	1999－2008：10.1	0.73	世界金融海嘯
2009	9.2		-1.81	
2010	10.4		10.76	歐債危機
2011	9.3	2009－2011：9.6	3.80	
2012	7.7		2.06	
2013	7.7		2.20	
2014	7.3		3.92	
2015	6.9		0.75	

編號	會談名稱	時間	地點	主題	主談人	成果	備註
十	兩岸兩會第九次高層會談	2013年6/20-22	上海	協商「兩岸服務貿易」議題	林中森 陳德銘	1.簽署《海峽兩岸服務貿易協議》。 2.就有關解決金門用水問題達成共同意見。	
十一	兩岸兩會第十次高層會談	2014年2/26-28	台北	協商「兩岸地震監測合作」及「兩岸氣象合作」議題	林中森 陳德銘	簽署《海峽兩岸地震監測合作協議》及《海峽兩岸氣象合作協議》。	
十二	兩岸兩會第十一次高層會談	2015年8/24-26	福州	協商「兩岸避免雙重課稅及加強稅務合作」及「兩岸民航飛航安全與適航合作」議題	林中森 陳德銘	簽署《海峽兩岸避免雙重課稅及加強稅務合作協議》及《海峽兩岸民航飛航安全與適航合作協議》。	

編號	會談名稱	時間	地點	主題	主談人	成果	備註
七	兩岸協議成效與檢討會議	2011年6/8	台北	1.針對兩岸所簽署生效協議之執行情況及成效進行檢視 2.就部分協議在執行過程中應予強化或改善的方向，共同確認後續處理作法	高孔廉 鄭立中	1.在旅遊、空運、食品安全、共同打擊犯罪及司法互助、農產品檢疫檢驗等協議獲致重要成果。 2.同意積極加強防杜農產品非法進出口。 3.積極推動兩岸主管機關間的溝通、協調，隨時檢視並及時處理協議執行面事宜。 4.同意未來將定期召開兩會「協議成效與檢討會議」。	
八	第七次江陳會談	2011年10/19-21	天津	協商兩岸「核電安全合作」、「投資保障」及「產業合作」三項議題	江丙坤 陳雲林	1.簽署《海峽兩岸核電安全合作協議》。 2.就「兩岸投保協議階段性協商成果」及「加強兩岸產業合作」，達成共同意見。	
九	第八次江陳會談	2012年8/8-10	台北	協商兩岸「投資保障」及「海關合作」兩項議題	江丙坤 陳雲林	1.簽署《海峽兩岸投資保障和促進協議》及《海峽兩岸海關合作協議》。 2.共同發表投保協議《人身自由與安全保障共識》。	

編號	會談名稱	時間	地點	主題	主談人	成果	備註
四	第四次江陳會談	2009年12/21-25	台中	協商兩岸「農產品檢疫檢驗」、「避免雙重課稅及加強稅務合作」、「漁船船員勞務合作」、「標準計量檢驗認證合作」四項議題	江丙坤 陳雲林	簽署《海峽兩岸農產品檢疫檢驗協議》、《海峽兩岸漁船船員勞務合作協議》、《海峽兩岸標準計量檢驗認證合作》三項協議。	
五	第五次江陳會談	2010年6/28-30	重慶	協商兩岸「經濟合作架構」、「智慧財產權保護合作」兩項議題	江丙坤 陳雲林	簽署《海峽兩岸經濟合作架構協議》與《海峽兩岸智慧財產權保護合作協議》兩項協議。	
六	第六次江陳會談	2010年12/20-22	台北	協商兩岸「醫藥衛生合作」、「投資保障」兩項議題	江丙坤 陳雲林	1.簽署《海峽兩岸醫藥衛生合作協議》。 2.對兩岸投資保障議題達成階段性共識。	

附錄 4 2008－2015年海基會與海協會協商成果表

編號	會談名稱	時間	地點	主題	主談人	成果	備註
一	第一次江陳會談	2008年6/11-14	北京	就「兩岸包機」及「大陸人民來台觀光」兩項議題進行協商	江丙坤陳雲林	1.兩岸兩會正式恢復制度化對話協商機制。 2.簽署《海峽兩岸包機會談紀要》及《海峽兩岸關於大陸居民赴台灣旅遊協議》。	
二	第二次江陳會談	2008年11/3-7	台北	協商兩岸空運、海運、郵政及食品安全四項議題及後續商談議題	江丙坤陳雲林	簽署《海峽兩岸空運協議》、《海峽兩岸海運協議》、《海峽兩岸郵政協議》及《海峽兩岸食品安全協議》四項協議。	
三	第三次江陳會談	2009年4/25-29	南京	協商兩岸共同打擊犯罪及司法互助、金融合作、定期航班及陸資來台投資四項議題	江丙坤陳雲林	簽署《海峽兩岸共同打擊犯罪及司法互助協議》、《海峽兩岸金融合作協議》與《海峽兩岸空運補充協議》三項協議，並對於陸資來台投資議題達成共識。	

編號	會談名稱	時間	地點	主題	主談人	成果	備註
六	辜汪會談二次預備性磋商	1993年4/23-26	新加坡	1.草簽「文書驗證」及「掛號函件」二項協議 2.安排辜汪會談相關事宜	邱進益 唐樹備	1.草簽二項協議。 2.就辜汪會談預備磋商達成數項共識。就「兩會建立制度化聯繫與會談方式」、「經濟交流」、「文教、科技交流」及辜汪會談共同文件交換意見。	
七	辜汪會談	1993年4/27-29	新加坡	商談並確定四項協議	辜振甫 汪道涵	簽署《兩岸公證書使用查證協議》、《兩岸掛號函件查詢補償事宜協議》、《兩會聯繫與會談制度協議》及《辜汪會談共同協議》四項協議。	
八	中斷第二次辜汪會談	1995年6月	北京 台北	推遲第二次辜汪會談			
九	辜汪會晤	1998年10/14-18	上海、北京	與汪道涵、陳雲林、錢其琛、江澤民等人進行對話	辜振甫 汪道涵	達成「雙方同意加強對話，以促成制度化協商的恢復」、「雙方同意加強推動兩會各層級人員交流活動」、「雙方同意就涉及人民權益之個案，積極相互協助解決」、「我方邀請汪道涵先生回訪」等共識。	
十	汪道涵取消回訪	1999年7月		因李登輝兩國論，取消回訪			

附錄 3　1991－1999年海基會與海協會協商互動表

編號	會談名稱	時間	地點	主題	主談人	成果	備註
一	第一次陳唐會談	1991年4/28-5/4	北京	商談兩岸共同防制海上犯罪	陳長文 唐樹備	初步建立溝通管道，並就有關議題交換意見。	海協會未成立，海基會直接與國台辦談
二	第二次陳唐會談	1991年11/4-7	北京	商談兩岸共同防制海上犯罪	陳長文 唐樹備	就共同合作之項目、實質商談時地等廣泛交換意見，並無具體成果。	
三	兩岸「文書驗證」及「掛號函件」第一次會談	1992年3/22-27	北京	商談兩岸「文書驗證」及「掛號函件」事宜	許惠祐 李亞飛	首度交換意見，無具體成果。	海基會、海協會首次協商
四	兩岸「文書驗證」及「掛號函件」第二次會談	1992年10/26-29	香港	商談兩岸「文書驗證」及「掛號函件」事宜	許惠祐 周　寧	因雙方對「一個中國」認知不同，雙方爭議如何表達。	
五	一中各表	1992年11/16	北京 台北	一中各表	許惠祐 李亞飛	陸方對我方表述，表達尊重與接受	

二、中程——互信合作階段：

（一）兩岸應建立對等的官方溝通管道。

（二）開放兩岸直接通郵、通航、通商，共同開發大陸東南沿海地區，並逐步向其他地區推展，以縮短兩岸人民生活差距。

（三）兩岸應協力互助，參加國際組織與活動。

（四）推動兩岸高層人士互訪，以創造協商統一的有利條件。

三、遠程——協商統一階段：

成立兩岸統一協商機構，依據兩岸人民意願，秉持政治民主、經濟自由、社會公平及軍隊國家化的原則，共商統一大業，研訂憲政體制，以建立民主、自由、均富的中國。

四、中國的統一，其時機與方式，首應尊重台灣地區人民的權益並維護其安全與福祉，在理性、和平、對等、互惠的原則下，分階段逐步達成。

肆、進程：

一、近程——交流互惠階段：

（一）以交流促進了解，以互惠化解敵意；在交流中不危及對方的安全與安定，在互惠中不否定對方為政治實體，以建立良性互動關係。

（二）建立兩岸交流秩序，制訂交流規範，設立中介機構，以維護兩岸人民權益；逐步放寬各項限制，擴大兩岸民間交流，以促進雙方社會繁榮。

（三）在國家統一的目標下，為增進兩岸人民福祉，大陸地區應積極推動經濟改革，逐步開放輿論，實行民主法治；台灣地區則應加速憲政改革，推動國家建設，建立均富社會。

（四）兩岸應摒除敵對狀態，並在一個中國的原則下，以和平方式解決一切爭端，在國際間相互尊重，互不排斥，以利進入互信合作階段。

附錄 2 《國家統一綱領》

中華民國80年2月23日國家統一委員會第三次會議通過
中華民國80年3月14日 政院第2223次會議通過

壹、前言：

中國的統一，在謀求國家的富強與民族長遠的發展，也是海內外中國人共同的願望。海峽兩岸應在理性、和平、對等、互惠的前提下，經過適當時期的坦誠交流、合作、協商，建立民主、自由、均富的共識，共同重建一個統一的中國。基此認識，特制訂本綱領，務期海內外全體中國人同心協力，共圖貫徹。

貳、目標：

建立民主、自由、均富的中國。

參、原則：

一、大陸與台灣均是中國的領土，促成國家的統一，應是中國人共同的責任。

二、中國的統一，應以全民的福祉為依歸，而不是黨派之爭。

三、中國的統一，應以發揚中華文化，維護人性尊嚴，保障基本人權，實踐民主法治為宗旨。

2012.8.9	兩岸簽署《兩岸投資保障和促進協議》。
2012.9.6	兩岸簽署《兩岸貨幣清算合作備忘錄》。
2013.2.6	開放人民幣存款。
2013.3.12	開放「寶島債」。
2013.6.21	兩岸簽署《兩岸服務貿易協議》。
2013.10.6	兩岸主管兩岸事務首長在APEC見面，互稱「官銜」。
2014.3.18	台灣年輕世代占領立法院，爆發太陽花學運。
2015.5.4	國民黨主席朱立倫與中共總書記在北京「朱習會」，達成共識應重視「三中一青」，並使兩岸交流利益普及化。
2015.11.7	兩岸領導人馬英九與習近平在新加坡「馬習會」，互稱先生，維持對等、尊嚴。國際媒體極為重視並廣泛報導。

2005.3.28	國民黨副主席江丙坤赴陸進行「破冰之旅」訪問，為隨後的連胡會開路。
2005.4.26	國民黨主席連戰赴陸進行「和平之旅」，與中共總書記胡錦濤會面，史稱連胡會，達成五願景。
2006.1.1	陳水扁又把兩岸經貿政策收緊，改為「積極管理，有效開放」。
2006.2.26	陳水扁宣布「終止」國統會與國統綱領運作，實則以「終止」包裝「廢除」。
2006.4.14	第一屆兩岸經貿文化論壇（俗稱「國共論壇」）在北京舉行。
2008.3.22	馬英九當選中華民國總統。
2008.3.26	胡錦濤與布希熱線，胡錦濤說「兩岸應該在九二共識的基礎上，恢復協商，九二共識就是雙方都認知只有一個中國，但彼此的定義不同」，但隨後《新華社》的中文稿則刪去了最後一句。
2008.6.13	第一次江陳會談，恢復中斷了13年的協商，簽署週末包機與陸客來台協議。
2008.11.7	第二次江陳會談在台北舉行，反對人士包圍晶華飯店，造成流血衝突暴力事件。
2008.12.15	兩岸實施常態性海空直航。
2008.12.31	胡錦濤發表了「胡六點」。
2009	開放台商回台第一上市「F股」。
2009.6.30	開放陸資來台。
2010.6.29	兩岸簽署「兩岸經濟合作架構協議」（ECFA）。
2011.	開放陸生來台攻讀學位。

1995.6.16	海協會通知推遲第二次辜汪會談，兩岸兩會的會談由1995至2008年，中斷了13年。
1995.7.21	中共對台第一次導彈試射。
1996.3.8	中共對台第二次導彈試射，落入高雄和基隆外海。
1996.9.14	李登輝宣布赴陸投資必須「戒急用忍」，兩岸經貿政策形成鬆緊五年一循環。
1998.10.14 - 10.19	兩會恢復對話，辜汪在上海會晤，交換意見，營造善意氣氛。
1999.7.9	李登輝接受德國媒體訪問，拋出「特殊國與國關係」，一般解讀為「兩國論」，意在阻止汪道涵年內預定訪台。隨後汪道涵果然取消訪台，兩會的聯繫管道亦告中斷。
1999.12	陸方公布台灣同胞投資保護法實施細則，隨後又修正多次。
2000.3.18	立法院同意試辦「小三通」，指廈門與金門，馬祖與馬尾，所謂「兩門兩馬」的直航。
2000.3.31	台灣政黨輪替，總統大選首次由主張台獨的民進黨獲勝。
2000.4.28	陸委會主委蘇起概括一中各表，稱之為「九二共識」，後來廣為各界使用。
2000.5.20	陳水扁就職演說提出「四不一沒有」，緩和了當選後的緊張關係。
2001.1.1	開放小三通。
2001.11.7	為解決台灣經濟低迷困境，召開「經濟發展諮詢委員會」，兩岸經貿結論是要「積極開放，有效管理」，並經行政院院會通過。
2002.8.3	陳水扁在獨派團體聚會上提出「台灣中國，一邊一國」。

1991.3.9	財團法人海峽交流基金會正式成立。
1991	開放「大陸出口，台灣押匯」。
1991.12.16	陸方成立「海峽兩岸關係協會」。
1992.3	海基會與海協會第一次正式協商。
1992.8.1	國統會通過「關於一個中國的涵義」。
1992.9.18	兩岸人民關係條例暨施行細則公布，隨後兩岸交流的各種許可辦法陸續公布，赴大陸投資許可辦法公布後，上市櫃大型公司開始經許可赴大陸，台灣出口大陸可直接填為目的地。
1992.10.30	海基會海協會香港會談，討論所謂「一個中國」的原則，唯未獲結論，海基會提出許多方案。
1992.11.16	海協會回函，對於海基會提案之一，表示尊重與接受我方表述，原文長達84字，媒體將之歸納為「一個中國，各自表述」。
1993.4.2	發生第一次大陸人士劫機來台事件，後來形成劫機潮，一年內發生十次。
1993.4.27 - 4.29	兩岸兩會海基會與海協會，辜振甫及汪道涵在新加坡會談，簽署四項協議。
1994.3.5	陸方公布台灣同胞投資保護法，表面上法制化保護，實則多為1988年「關於鼓勵台灣同胞投資的規定」。
1994.3.31	千島湖慘案，23名台灣遊客遭搶劫，並被燒死於遊船底艙。
1995.1.30	江澤民總書記發表「江八點」，對台重要政策講話。
1995.5.5	實施境外航運中心，開放兩岸轉口貨直航，準備推動建設台灣成為亞太營運中心。
1995.6.7	李登輝總統赴美國康乃爾大學演講。

附錄 1 兩岸關係大事記

註：加底色為兩岸經貿相關大事

1954.7	中共中央成立對台工作領導小組，其執行機構為「中央台灣工作辦公室」（簡稱中台辦）。
1979.1.1	中共人大發表〈告台灣同胞書〉，主張商討結束兩岸軍事對峙狀態，並提出兩岸三通，擴大兩岸的交流。
1979	鄧小平上台，採取「改革開放政策」，台灣部分商品透過香港輸陸，改變原先兩岸貿易逆差的情勢。
1981.10.1	中共人大委員長葉劍英發表「葉九條」。
1987.11.2	開放老兵赴大陸探親，結束不接觸、不談判、不妥協的「三不」，兩岸間接貿易及台灣的順差均開始大量增加。
1987	台灣政治解嚴，開放報禁、黨禁，工運、社運增加。經濟解嚴，外匯自由化，新台幣大幅升值，導致勞力密集中小企業外移。
1988.7.7	陸方公布「關於鼓勵台灣同胞投資的規定」。
1988.8.18	行政院成立任務編組的「大陸工作會報」。
1988.9.9	陸方成立國務院台灣事務辦公室（簡稱國台辦），此單位與中台辦合署辦公，「一套人馬，兩塊招牌」。
1989.6.4	大陸發生天安門事件。
1990.9.12	兩岸紅十字會簽署《金門協議》，處理偷渡客遣返。
1990.10.7	總統府成立國統會。
1990	陸方對台商提出優惠措施，許多台商由東南亞轉向大陸。
1991.1.30	行政院陸委會成立。
1991.2.3	國統會通過《國家統一綱領》。

歷史大講堂

兩岸第一步：我的協商談判經驗

2016年10月初版　　定價：新臺幣380元
2016年11月初版第二刷

著者	高孔廉
總編輯	胡金倫
副總經理	陳芝宇
總經理	羅國俊
發行人	林載爵

出版者	聯經出版事業股份有限公司
地址	台北市基隆路一段180號4樓
編輯部地址	台北市基隆路一段180號4樓
叢書主編電話	(02)87876242轉223
台北聯經書房	台北市新生南路三段94號
電話	(02)23620308
台中分公司	台中市北區崇德路一段198號
暨門市電話	(04)22312023
郵政劃撥帳戶	第0100559-3號
郵撥電話	(02)23620308
印刷者	世和印製企業有限公司
總經銷	聯合發行股份有限公司
發行所	新北市新店區寶橋路235巷6弄6號2F
電話	(02)29178022

叢書主編	鄒恆月
叢書編輯	王盈婷
校對	曾琴蓮
內文排版	林婕瀅
封面設計	萬勝安

行政院新聞局出版事業登記證局版臺業字第0130號

本書如有缺頁，破損，倒裝請寄回台北聯經書房更換。ISBN 978-957-08-4794-9 (軟精裝)
聯經網址 http://www.linkingbooks.com.tw
電子信箱 e-mail:linking@udngroup.com

國家圖書館出版品預行編目資料

兩岸第一步：我的協商談判經驗 /
高孔廉著．--初版．--臺北市：
聯經，2016年10月．
312面；14.8×21公分．(歷史大講堂)
ISBN 978-957-08-4794-9（軟精裝）
[2016年11月初版第二刷]

1.兩岸談判　2.兩岸關係　3.文集.

573.09　　105015388